新思想领航新重庆
XIN SIXIANG LINGHANG XIN CHONGQING

新时代更高水平开放的重庆实践

马晓燕 ◎ 主编

重庆出版集团 重庆出版社

图书在版编目(CIP)数据

新时代更高水平开放的重庆实践/马晓燕主编.—重庆:重庆出版社,2024.4
ISBN 978-7-229-18707-1

Ⅰ.①新… Ⅱ.①马… Ⅲ.①区域经济发展—研究—重庆 Ⅳ.①F127.719

中国国家版本馆CIP数据核字(2024)第093664号

新时代更高水平开放的重庆实践
XIN SHIDAI GENGGAO SHUIPING KAIFANG DE CHONGQING SHIJIAN
马晓燕　主编

责任编辑:徐　飞　卢玫诗
责任校对:何建云
装帧设计:张合涛　李南江

重庆出版集团
重庆出版社　出版

重庆市南岸区南滨路162号1幢　邮政编码:400061　http://www.cqph.com
重庆出版社艺术设计有限公司制版
重庆天旭印务有限责任公司印刷
重庆出版集团图书发行有限公司发行
E-MAIL:fxchu@cqph.com　邮购电话:023-61520678
全国新华书店经销

开本:787mm×1092mm　1/16　印张:17.5　字数:225千
2024年4月第1版　2024年4月第1次印刷
ISBN 978-7-229-18707-1
定价:69.00元

如有印装质量问题,请向本集团图书发行有限公司调换:023-61520678

版权所有　侵权必究

前　言

对外开放是我国的基本国策，是国家繁荣发展的必由之路。党的十八大以来，以习近平同志为核心的党中央坚定不移地推进高水平对外开放，加快构建开放型经济新体制，在"一带一路"建设、自主开放、实施自贸区战略、培育外贸竞争新优势等方面取得了重大进展，我国外向型经济发展取得了重大突破，中国的国际地位和影响力日益上升。习近平总书记在党的二十大报告中指出，必须完整、准确、全面贯彻新发展理念，坚持社会主义市场经济改革方向，坚持高水平对外开放，加快构建以国内大循环为主体、国内国际双循环相互促进的新发展格局。从党的十八大报告"全面提高开放型经济水平"，到党的十九大报告"推动形成全面开放新格局"，再到党的二十大报告"推进高水平对外开放"，充分表明我国的对外开放一以贯之，并不断向更大范围、更深层次、更多领域挺进，彰显了推动建设开放型世界经济、构建人类命运共同体的责任担当。

一直以来，党中央高度重视重庆发展，亲切关怀重庆人民，习近平总书记两次亲临重庆视察指导，多次对重庆工作作出重要指示批示，对重庆提出营造良好政治生态，坚持"两点"定位、"两地""两高"目标，发挥"三个作用"和推动成渝地区双城经济圈建设、加快建设西部陆海新通道等重要指示要求。这些重要讲话和指示精神，立意深远、思想深邃、内涵丰富、指向明确，是新时代重庆对外开放的根本要求，为推动重庆再上新台阶指明了前进方向、提供了根本遵循。

新时代更高水平开放的重庆实践是习近平新时代中国特色社会主义思想的重要组成部分，也是引领重庆加快以西部陆海新通道建设为牵引打造内陆开放高地取得胜利的根本保证和决定因素。新时代建设内陆开放高地必须深入贯彻党的二十大报告精神，结合重庆市委六届二次全会部署，积极融入和服务新发展格局，把推动更高水平开放放在中国式现代化的宏大场景中系统谋划、整体推进，以成渝地区双城经济圈建设为引领，以西部陆海新通道建设为支撑，聚力构建内陆开放高地"四梁八柱"，提升重庆对外开放竞争力，更好辐射西部、服务全国、链接东盟、融入全球，奋力谱写新时代内陆开放高地建设新篇章，为新时代新征程新重庆建设提供强大引擎。

本书围绕新时代更高水平开放的重庆实践深入展开，分三部分共十四章，第一部分包括第一章、二章，基于习近平总书记关于对外开放重要论述的主要内容，阐释了蕴含的时代价值，同时，回顾了习近平总书记对重庆开放发展的重要指示要求，论述了内陆开放高地的基本特征及重庆特色；第二部分包括第三章、四章、五章、六章、七章，从通道、平台、开放型经济、营商环境、国际交往等方面对重庆内陆开放高地建设的实践探索进行了总结。第三部分包括第八章、九章、十章、十一章、十二章、十三章、十四章，分析了新时代新征程新重庆建设内陆开放高地面临的国际国内挑战，在此基础上，提出从加快建设开放通道体系、大力推进开放平台能级提升、大力推进开放型经济发展、以制度型开放引领高水平对外开放、建设现代化国际大都市、深化区域协同开放等推进内陆开放高地建设。

在现代化新重庆建设开局起步之际，本书将习近平总书记对重庆作出的重要指示要求与重庆建设内陆开放高地，推动更高水平开放的具体实践结合起来，希望借助对内陆开放高地概念内涵、重点领域、政策举措等内容探讨，在内陆开放领域发出"重庆声音"，把重庆建设内陆开放高地，推动更高水平开放的实践，上升为较为系统的理论认识，在建设以西部陆海新通道为牵引的内陆开放高地，展现内陆开放新作为过程中努力做好理论支撑工作，在不断丰富中国特色对外开放理论的同时，为新发展格局下重庆加快建设内陆开放高地，推动更高水平对外开放，培育内陆开放新优势，建设"一带一路"、长江经济带、西部陆海新通道联动发展的战略枢纽提供有益参考。

目 录

前 言 1

第一章
建设内陆开放高地的科学指引 1

一、建设内陆开放高地科学指引的主要内容 3
（一）回答新形势下对外开放的基本理论问题 3
（二）提供新形势下推动对外开放的行动指南 8
（三）提出大变局中推动经济全球化的中国方案 11
二、建设内陆开放高地科学指引的时代价值 15
（一）建设内陆开放高地科学指引的理论意义 15
（二）建设内陆开放高地科学指引的实践意义 17

第二章
建设内陆开放高地的内涵特征 21

一、建设内陆开放高地的基本特征与重庆特色 23
（一）新时代重庆建设内陆开放高地的核心要义 23

（二）建设内陆开放高地的基本特征　　26

（三）建设内陆开放高地的重庆特色　　29

二、建设内陆开放高地是新时代重庆开放发展的根本要求　　32

（一）重庆建设内陆开放高地的价值意蕴　　32

（二）重庆建设内陆开放高地的基本要求　　36

第三章
通道体系建设　　39

一、出海出境通道建设　　41

（一）西部陆海新通道建设走深走实　　41

（二）中欧班列品牌地位巩固　　44

（三）国际航空枢纽建设有序推进　　46

（四）长江黄金水道挖潜增效　　47

（五）跨境公路物流体系加速构建　　48

二、内陆国际物流枢纽建设　　49

（一）国家物流枢纽建设加快推进　　50

（二）国际物流分拨网络进一步完善　　52

（三）多式联运　　54

（四）大力培育物流市场主体　　55

三、口岸体系建设　　57

（一）口岸开放空间与口岸功能不断完善　　57

（二）持续优化口岸营商环境　　58

（三）大幅提升口岸智能化水平　　59

第四章
开放平台体系建设　61

一、战略平台　63

（一）中新（重庆）战略性互联互通示范项目　63

（二）中国（重庆）自由贸易试验区　65

（三）两江新区　66

（四）西部（重庆）科学城　67

二、园区平台　68

（一）国家级经济技术开发区　69

（二）高新技术产业开发区　70

三、功能平台　72

（一）综合保税区　72

（二）保税物流中心　75

第五章
开放型经济体系建设　79

一、开放型产业体系　81

（一）农业　81

（二）制造业　83

（三）现代服务业　85

二、国际经贸与投资　87

（一）外贸进出口规模再创新高　88

（二）利用外资稳步增长　89

（三）对外投资合作平稳发展　91

三、对外贸易转型升级　92
（一）国家外贸转型升级基地建设加快　93
（二）不同贸易方式持续优化　94
（三）贸易新业态新模式不断涌现　94

第六章
营商环境建设　97

一、市场环境　99
（一）畅通市场准入　99
（二）强化权益保护　100
（三）完善市场监管　101

二、法治环境　102
（一）强化制度建设　103
（二）加强执法监管　104
（三）健全评价机制　105

三、政务环境　106
（一）规范服务标准　106
（二）提升服务质效　107
（三）强化数字赋能　108

四、开放环境　109
（一）推动贸易投资便利化　109
（二）提高招才引智强度　111
（三）优化政商环境　112

第七章
深入开展国际交往合作　115

一、国际交往领域　117
（一）国际经贸合作空间进一步拓展　117
（二）积极拓展各领域人文交流合作，稳步提升国际交往活跃度　119
（三）加速推进中西部国际交往中心建设，积极拓展国际交往"朋友圈"　121

二、国际交往平台　122
（一）积极搭建国际合作平台　123
（二）打造高端会展平台　125

第八章
新时代建设内陆开放高地面临的挑战　129

一、国际挑战　131
（一）全球化逆潮对新一轮全球化的挑战　131
（二）中美"修昔底德陷阱"的挑战　132
（三）价值链高低两端的挑战　133

二、国内挑战　134
（一）经济基础不牢固　134
（二）投资保障机制不健全　135
（三）海外权益保护体系不完善　136
（四）资源安全问题不容忽视　137

第九章
加快建设开放通道体系　139

一、提升通道发展能级　141
（一）高水平建设西部陆海新通道　141
（二）拓展中欧班列（成渝）号功能和网络体系　143
（三）优化畅通东向开放通道　145
（四）挖掘渝满俄国际铁路班列潜能　146
（五）构筑覆盖全球主要地区的国际航空网络通道　147

二、提升物流组织运营水平　149
（一）充分发挥西部陆海新通道物流和运营组织中心作用　149
（二）建设中欧班列集结中心　150
（三）打造长江上游航运中心　152

三、提升多式联运能力　153
（一）建设多式联运示范工程　154
（二）推动多式联运服务规则衔接　155
（三）丰富多式联运服务产品　157

四、提升物流枢纽和口岸功能　159
（一）建设高品质国家物流枢纽　159
（二）强化口岸的门户枢纽功能　161
（三）建设国际航空门户枢纽　163
（四）建设国际信息枢纽　165

第十章
持续打造高能级开放平台　167

一、统筹开放平台发展　169

（一）优化开放平台布局　169

（二）推动开放平台差异化协同发展　170

二、提升战略平台开放能级　172

（一）高标准推进中新互联互通项目建设　172

（二）实施自贸试验区提升战略　174

（三）推动两江新区高水平开发开放　176

（四）加快建设西部（重庆）科学城　179

三、推动园区平台、功能平台提档升级　181

（一）推动园区平台高质量发展　182

（二）推动功能平台提质扩能　183

第十一章
大力推进开放型经济发展　187

一、提档升级开放型产业体系　189

（一）推动农业领域开放合作　189

（二）提升重庆制造业在全球价值链中的地位　191

（三）有序扩大服务业开放　192

二、加大外贸转型发展力度　194

（一）大力发展服务贸易　194

（二）优化升级货物贸易　195

（三）探索发展数字贸易　197

三、培育壮大外向型市场主体　198

（一）大力开展招商引资　199

（二）做强做大贸易企业　200

（三）有序推动企业"走出去"　201

第十二章
以制度型开放引领高水平对外开放 203

一、以制度型开放促进双循环畅通 205
（一）制度型开放的三个维度 205
（二）制度型开放是顺应双新发展格局下全球化发展新形势、新特点的必然要求 207
（三）稳步扩大制度型开放是实现更高水平对外开放的核心 209
（四）双循环新发展格局下制度型开放进路 210

二、稳步扩大制度型开放 211
（一）深化贸易自由化便利化改革 212
（二）深入对接国际高标准经贸规则 214
（三）完善双向投资适配政策体系 216
（四）共建区域统一市场规则 217

第十三章
建设现代化国际大都市 221

一、加快建设中西部国际交往中心 223
（一）强化统筹协调作用 223
（二）提升人文交流活跃度 225
（三）提升城市形象知名度 226
（四）提升城市环境舒适度 228

二、建设国际消费中心城市 229
（一）打造国际消费资源多元融合集聚地 230
（二）加快发展新型消费 231

（三）全方位拓展消费市场　232
（四）营造一流国际消费环境　233

三、营造国际化一流营商环境　235

（一）营造公平竞争的市场环境　235
（二）打造高效便捷的政务服务环境　236
（三）优化法治化营商环境　237
（四）打造开放包容的创新环境　239

四、提升城市国际化水平　240

（一）提升产业国际化水平　241
（二）提升城市功能国际化水平　242
（三）提升人居环境国际化水平　244

第十四章
深化区域协同开放　247

一、强化国内国际合作　249

（一）加强"一带一路"国际合作　249
（二）加强国内重点区域联动开放　251

二、深化成渝地区双城经济圈开放协作　252

（一）建立完善协同开放体制机制　253
（二）推动重大事项合作共建　254

三、优化全市开放空间布局　256

（一）提升主城都市区开放能级　256
（二）提高"两群"开放水平　258

后　记　260

第一章

建设内陆开放高地的科学指引

对外开放是我国的基本国策。党的十八大以来，习近平总书记围绕对外开放作出的一系列重要论述立意高远、内涵丰富、思想深刻，贯穿着马克思主义立场、观点、方法，总结和运用对外开放历史经验与发展规律，是习近平新时代中国特色社会主义思想的重要内容，是引领对外开放不断迈上新台阶的思想武器和行动指南，为建设内陆开放高地提供了科学指引。

一、建设内陆开放高地科学指引的主要内容

新时代十年，以习近平同志为核心的党中央总揽战略全局，推进对外开放理论和实践创新，确立开放发展新理念，推进"一带一路"建设，构建开放型经济新体制，倡导发展开放型世界经济，积极参与全球经济治理，对外开放取得新的重大成就，成为党和国家历史性成就、历史性变革的重要组成部分。

（一）回答新形势下对外开放的基本理论问题

1. 科学回答了新时代何为对外开放的问题

进入新时代，社会主要矛盾转化为人民日益增长的美好生活需要和不平衡不充分的发展之间的矛盾，这是关系全局的历史性变化，对扩大对外开放提出了新要求。新时代的对外开放要牢牢把握正确的方向，坚定不移走中国特色社会主义道路，坚持以人民为中心，完善互利共赢、多元平衡、安全高效的开放型经济体系，推动形成全方位、多层次、宽领域的全面开放新格局，加快构建以国内

大循环为主体、国内国际双循环相互促进的新发展格局。习近平总书记针对新时代何为对外开放的问题作出系列重要论述。

关于坚定不移走中国特色社会主义道路。习近平总书记指出,"改革开放是一场深刻革命,必须坚持正确方向,沿着正确道路推进。在方向问题上,我们头脑必须十分清醒,不断推动社会主义制度自我完善和发展,坚定不移走中国特色社会主义道路"。[1]

关于以人民为中心。习近平总书记指出,"必须坚持以人民为中心,不断实现人民对美好生活的向往。改革开放40年的实践启示我们:为中国人民谋幸福,为中华民族谋复兴,是中国共产党人的初心和使命,也是改革开放的初心和使命"。[2]

关于互利共赢、多元平衡、安全高效。习近平总书记指出,"我们将实行更加积极主动的开放战略,完善互利共赢、多元平衡、安全高效的开放型经济体系,促进沿海内陆沿边开放优势互补,形成引领国际经济合作和竞争的开放区域,培育带动区域发展的开放高地"。[3]

关于全方位、多层次、宽领域。习近平总书记指出,"中国将坚持扩大开放,增加商品和服务进口,扩大外资市场准入,加强知识产权保护,形成全方位、多层次、宽领域的全面开放新格局"。[4]

关于以国内大循环为主体、国内国际双循环相互促进。习近平总书记指出,"以国内大循环为主体,绝不是关起门来封闭运行,而是通过发挥内需潜力,使国内市场和国际市场更好联通,更好利用国际国内两个市场、两种资源,实现更加强劲可持续的发展"。[5]

---

[1]《习近平在中共中央政治局第二次集体学习时强调以更大的政治勇气和智慧深化改革　朝着十八大指引的改革开放方向前进》,《人民日报》2013年1月2日。
[2] 习近平:《在庆祝改革开放40周年大会上的讲话》,《人民日报》2018年12月19日。
[3] 习近平:《在亚太经合组织工商领导人峰会上的演讲》,《人民日报》2013年10月8日。
[4]《习近平出席金砖国家领导人第十一次会晤并发表重要讲话　强调要倡导并践行多主义　深入推进金砖国家新工业革命伙伴关系　坚持扩大对外开放　努力构建人类命运共同体》,《人民日报》2019年11月15日。
[5] 习近平:《在企业家座谈会上的讲话》,《人民日报》2020年7月22日。

习近平总书记系列重要论述，顺应人民新期待和时代发展新要求，清晰指明了新时代对外开放的前进方向，描绘了新时代对外开放的美好愿景。

2.科学回答了新时代为何对外开放的问题

改革开放以来，我国坚持对外开放基本国策，实现了从封闭半封闭到全方位开放的历史性转折。实践已经证明，中国经济要实现高质量发展必须在开放的条件下进行。新时代的对外开放要坚定不移走改革开放的强国之路，清醒认识到开放带来进步，封闭必然落后，要坚持以开放促改革、促发展、促创新，要坚信中国开放的大门不会关闭，只会越开越大。习近平总书记针对新时代为何对外开放的问题作出系列重要论述。

关于坚定不移走改革开放的强国之路。习近平总书记指出，"中国得益于改革开放，将坚定不移推进新一轮改革开放，继续深化市场化改革，保护产权和知识产权，鼓励公平竞争，主动扩大进口"。[1]

关于开放带来进步，封闭必然落后。习近平总书记先后指出，"开放带来进步，封闭导致落后，这已为世界和我国发展实践所证明"。[2] "改革开放40年的实践启示我们：开放带来进步，封闭必然落后。"[3] "党中央深刻认识到，开放带来进步，封闭必然落后；我国发展要赢得优势、赢得主动、赢得未来，必须顺应经济全球化，依托我国超大规模市场优势，实行更加积极主动的开放战略。"[4]

---

[1]《习近平出席二十国集团领导人第十三次峰会并发表重要讲话 强调要坚持开放合作伙伴精神、创新引领、普惠共赢，以负责任态度把握世界经济大方向》，《人民日报》2018年12月1日。
[2]《习近平在中共中央政治局第十九次集体学习时强调 加快实施自由贸易区战略 加快构建开放型经济体制》，《人民日报》2014年12月7日。
[3] 习近平：《在庆祝改革开放40周年大会上的讲话》，《人民日报》2018年12月19日。
[4]《中共中央关于党的百年奋斗重大成就和历史经验的决议》，《人民日报》2021年11月17日。

关于以开放促改革、促发展、促创新。习近平总书记指出，"我们将坚持对外开放的基本国策，坚持以开放促改革、促发展、促创新，持续推进更高水平的对外开放"。[1]

关于中国开放的大门不会关闭，只会越开越大。习近平总书记在会议、考察和出访等场合多次重申，中国开放的大门不会关闭，只会越开越大。[2]

习近平总书记系列重要论述，全面总结了我国对外开放的成功实践和重要经验，深刻阐释了新时代坚持对外开放的必要性和紧迫性，充分展现了新时代中国坚持对外开放的决心和意志。

3.科学回答了新时代要如何对外开放的问题

当前，国际国内形势发生了深刻复杂变化，对外开放在深度、广度、节奏上以及应对外部经济风险、维护国家经济安全的压力都是过去所不能比拟的。这就要求新时代对外开放要坚持开放发展理念，在坚持稳中求进工作总基调的同时，坚持统筹国内国际两个大局，紧扣战略机遇期的新内涵，努力培育国际合作和竞争新优势，推动改革和开放互相促进，不断提升对外开放水平。习近平总书记针对新时代如何对外开放的问题作出系列重要论述。

关于坚持开放发展理念。党的十八届五中全会提出，实现"十三五"时期发展目标，破解发展难题，厚植发展优势，必须牢固树立并切实贯彻创新、协同、绿色、开放、共享的发展理念。习近平总书记指出，"开放发展注重的是解决发展内外联动问题。……。为此，我们必须坚持对外开放的基本国策，奉行互利共赢的开放战略，深化人文交流，完善对外开放区域布局、对外贸易布局、投资布局，形成对外开放新体制，发展更高层次的开放型经济，以扩大

---

[1] 《习近平谈治国理政》第3卷，外文出版社2020年版，第211页。
[2] 习近平：《决胜全面建成小康社会 夺取新时代中国特色社会主义伟大胜利》，《人民日报》2017年10月28日。

开放带动创新、推动改革、促进发展"。①

关于坚持稳中求进工作总基调。习近平总书记指出,"稳的重点要放在稳住经济运行上,进的重点是深化改革开放和调整结构。稳和进有机统一、相互促进。经济社会平稳才能为深化改革开放和经济结构调整创造稳定的宏观环境。要继续推进改革开放,为经济社会发展创造良好预期和新的动力"。②

关于坚持统筹国内国际两个大局。习近平总书记指出,"在经济全球化深入发展的条件下,我们不可能关起门来搞建设,而是要善于统筹国内国际两个大局,利用好国际国内两个市场、两种资源"。③

关于全面用好我国发展的重要战略机遇期。2018年中央经济工作会议上习近平总书记指出,"我国发展仍处于并将长期处于重要战略机遇期。世界面临百年未有之大变局,变局中危和机同生并存,这给中华民族伟大复兴带来重大机遇"。④这也是对党的十九大报告提出的"我国发展仍处于重要战略机遇期"这一基本判断的再次强调。

关于培育国际合作和竞争新优势。习近平总书记指出,"要积极主动扩大对外开放,打造国际合作竞争新优势"。⑤"要以高水平对外开放打造国际合作和竞争新优势。国际经济联通和交往仍是世界经济发展的客观要求。要全面提高对外开放水平,建设更高水平开放型经济新体制,形成国际合作和竞争新优势。"⑥

---

① 《在党的十八届五中全会第二次全体会议上的讲话(节选)》2015年10月29日,《求是》2016年第1期。
② 《征求对经济工作的意见和建议 中共中央召开党外人士座谈会 习近平主持并发表重要讲话》,《人民日报》2014年12月6日。
③ 《在十八届中央政治局第二十八次集体学习时的讲话》(2015年11月23日),《习近平关于社会主义经济建设论述摘编》,中央文献出版社2017年版,第298页。
④ 《中央经济工作会议在北京举行》,《人民日报》2018年12月22日。
⑤ 《中共中央政治局召开会议 中共中央总书记习近平主持会议》,《人民日报》2017年2月22日。
⑥ 《习近平主持召开经济社会领域专家座谈会强调 着眼长远把握大势开门问策集思广益 研究新情况作出新规划》,《人民日报》2020年8月25日。

关于以深化改革促进扩大开放。习近平总书记指出,"改革和开放相辅相成、相互促进,改革必然要求开放,开放也必然要求改革。要坚定不移实施对外开放的基本国策、实行更加积极主动的开放战略,坚定不移提高开放型经济水平,坚定不移引进外资和外来技术,坚定不移完善对外开放体制机制,以扩大开放促进深化改革,以深化改革促进扩大开放,为经济发展注入新动力、增添新活力、拓展新空间"。①

习近平总书记系列重要论述,深刻阐释了新时代对外开放的理念和原则,全面总结了在对外开放进程中把握机遇、应对挑战的方法和策略。

(二)提供新形势下推动对外开放的行动指南

1.明确新形势下对外开放的整体布局

面对我国开放区域发展不平衡不充分的问题,习近平总书记对此作出系列重要论述,擘画了全面开放的宏伟蓝图。新形势下对外开放要推进更大范围、更宽领域、更深层次的全面开放,以优化的区域开放布局不断为经济发展注入新动力、增添新活力、拓展新空间。

关于实施更大范围开放。习近平总书记指出,"5年来,共建'一带一路'大幅提升了我国贸易投资自由化便利化水平,推动我国开放空间从沿海、沿江向内陆、沿边延伸,形成陆海内外联动、东西双向互济的开放新格局;各地区要加强共建'一带一路'同京津冀协同发展、长江经济带发展、粤港澳大湾区建设等国家战略对

---

① 《习近平主持召开中央全面深化改革领导小组第十六次会议强调 坚持以扩大开放促进深化改革 坚定不移提高开放型经济水平》,《人民日报》2015年9月16日。

接，促进西部地区、东北地区在更大范围、更高层次上开放，助推内陆沿边地区成为开放前沿，带动形成陆海内外联动、东西双向互济的开放格局"。①

关于实施更宽领域开放。习近平总书记指出，"中国正在稳步扩大金融业开放，持续推进服务业开放，深化农业、采矿业、制造业开放，加快电信、教育、医疗、文化等领域开放进程，特别是外国投资者关注、国内市场缺口较大的教育、医疗等领域也将放宽外资股比限制"。②

关于实施更深层次开放。习近平总书记指出，"要适应新形势、把握新特点，推动由商品和要素流动型开放向规则等制度型开放转变"。③

关于优化区域开放布局。习近平总书记指出，"优化区域开放布局，巩固东部沿海地区开放先导地位，提高中西部和东北地区开放水平"。④

习近平总书记系列重要论述，紧扣我国社会矛盾变化，从统筹推进"五位一体"总体布局和协调推进"四个全面"战略布局的高度，阐明了新形势下对外开放在空间、领域、层次上的整体布局。

2.明确新形势下对外开放的任务

新时代新征程我国发展面临新的战略机遇，同时世界进入新的动荡变革期，这给我国的对外开放提出了新任务，为此，习近平总书记围绕推动高水平对外开放作出系列重要论述。2013年明确提

---

① 《习近平在推进"一带一路"建设工作座谈会上强调 总结经验坚定信心扎实推进 让"一带一路"建设造福沿线各国人民》，《人民日报》2016年8月18日。
② 《共建创新包容的开放型世界经济——在首届中国国际进口博览会开幕式上的主旨演讲》，《人民日报》2018年11月6日。
③ 《中央经济工作会议在北京举行》，《人民日报》2018年12月22日。
④ 习近平：《高举中国特色社会主义伟大旗帜 为全面建设社会主义现代化国家而团结奋斗》，《人民日报》2022年10月26日。

出要"实施新一轮高水平对外开放"。①2022年,党的二十大报告中提出,"必须完整、准确、全面贯彻新发展理念,坚持社会主义市场经济改革方向,坚持高水平对外开放,加快构建以国内大循环为主体、国内国际双循环相互促进的新发展格局",②并指出推进高水平对外开放的战略举措。

习近平总书记系列重要论述谋划部署了推进高水平开放的重大任务举措,坚持问题导向、目标导向和结果导向相统一,已经并将继续推动我国对外开放取得丰硕成果。

3.明确新形势下对外开放的体制机制

新形势下对外开放要充分发挥市场在资源配置中的决定性作用,同时更好发挥政府作用。习近平总书记对此作出系列重要论述,引领开放型经济治理体系和治理能力现代化。新形势下对外开放要在以习近平同志为核心的党中央坚强领导下,建设更高水平开放型经济新体制,积极参与和影响全球经济治理,不断提升开放型经济治理水平。

关于构建开放型经济新体制。习近平总书记在不同场合多次提出构建开放型经济新体制。2014年习近平总书记强调"加快构建开放型经济新体制,以对外开放的主动赢得经济发展的主动、赢得国际竞争的主动"。③2015年5月,《中共中央 国务院关于构建开放型经济新体制的若干意见印发》。党的十九届五中全会上提出:"要建设更高水平开放型经济新体制,全面提高对外开放水平,推动贸易和投资自由化便利化,推进贸易创新发展,推动共建'一带一

---

①《中共中央关于全面深化改革若干重大问题的决定》,《人民日报》,2013年11月16日。
②习近平:《高举中国特色社会主义伟大旗帜 为全面建设社会主义现代化国家而团结奋斗》,《人民日报》2022年10月26日。
③《习近平在中共中央政治局第十九次集体学习时强调 加快实施自由贸易区战略 加快构建开放型经济新体制》,《人民日报》2014年12月7日。

路'高质量发展，积极参与全球经济治理体系改革。"①，党的二十大上提出，"改革开放迈出新步伐，国家治理体系和治理能力现代化深入推进，社会主义市场经济体制更加完善，更高水平开放型经济新体制基本形成是未来五年主要目标任务之一"。②

关于主动参与和影响全球经济治理，推动制度型开放。2014年12月，习近平总书记在中央经济工作会议上指出，"过去只是被动适应国际经贸规则，现在则要主动参与和影响全球经济治理"。③2019年的十九届四中全会、2020年的十九届五中全会、2022年党的二十大和第五届中国国际进口博览会都对推动规则、规制、管理、标准等制度型开放做出重要论述。2020年11月20日，习近平主席在亚太经合组织（APEC）领导人非正式会议上，宣布中方将积极考虑加入"全面与进步跨太平洋伙伴关系协定"（CPTPP），④引发国内外广泛关注与巨大反响。

习近平总书记系列重要论述，坚持和加强党对我国对外开放的领导，强化了对外开放的体制机制建设，有力激发开放发展的活力和潜力。

（三）提出大变局中推动经济全球化的中国方案

1. 为逆全球化后的全球化走向何处把脉开方

一段时间以来，经济全球化遭遇曲折，全球经济增长动能不足、发展失衡等问题突出，单边主义、保护主义愈演愈烈，世界面

---

① 《中共十九届五中全会在京举行　中央政治局主持会议　中央委员会总书记习近平作重要讲话》，《人民日报》2020年10月30日。
② 习近平：《高举中国特色社会主义伟大旗帜　为全面建设社会主义现代化国家而团结奋斗》，《人民日报》2022年10月26日。
③ 《中央经济工作会议在北京举行》，《人民日报》2014年12月12日。
④ 习近平：《中方将积极考虑加入全面与进步跨太平洋伙伴关系协定》，《人民日报》2020年11月21日。

临开放与保守、合作与封闭、变革与守旧的重要抉择。在此背景下，习近平有力抨击反全球化、逆全球化现象，对经济全球化发展现状、内涵变化、本质属性、双重影响及未来趋势等方面进行分析并作出基本判断，深刻揭示经济全球化是不可逆转的时代潮流，以充满哲理的中国智慧，为世界经济把脉开方，并旗帜鲜明反对单边主义、保护主义，积极倡导开放、包容、普惠、平衡、共赢的经济全球化。

关于揭示经济全球化是不可逆转的时代潮流。习近平总书记指出"经济全球化是历史潮流。长江、尼罗河、亚马孙河、多瑙河昼夜不息、奔腾向前，尽管会出现一些回头浪，尽管会遇到很多险滩暗礁，但大江大河奔腾向前的势头是谁也阻挡不了的"[1]。

关于旗帜鲜明反对单边主义、保护主义。习近平总书记指出，"各国应该坚持开放的政策取向，旗帜鲜明反对保护主义、单边主义，提升多边和双边开放水平，推动各国经济联动融通，共同建设开放型世界经济"[2]。

关于积极倡导开放、包容、普惠、平衡、共赢的经济全球化。习近平总书记指出，"现在国际上保护主义思潮上升，但我们要站在历史正确的一边，坚持多边主义和国际关系民主化，以开放、合作、共赢胸怀谋划发展，坚定不移推动经济全球化朝着开放、包容、普惠、平衡、共赢的方向发展，推动建设开放型世界经济"[3]。

习近平系列重要论述，准确把握世界大势和时代潮流，指明了经济全球化的发展方向，有力推动贸易和投资自由便利化，更加坚定了各国通过开放合作推动经济全球化深入发展的信心。

---

[1]《开放合作，命运与共》（2019年11月5日），《习近平谈治国理政》第三卷，外文出版社2020年版，第211页。
[2]《共建创新包容的开放型世界经济——在首届中国国际进口博览会开幕式上的主旨演讲》，《人民日报》2018年11月6日。
[3]《习近平在看望参加政协会议的经济界委员时强调　坚持用全面辩证长远眼光分析经济形势　努力在危机中育新机于变局中开新局》，《人民日报》2020年5月24日。

2.提出推动经济全球化的路径

经济全球化进程中，我国不仅是受益者，并逐渐成为完善全球经济治理的重要推动者。在此背景下，习近平围绕完善全球经济治理、引领推动"一带一路"国际合作和引领推动构建开放型世界经济作出系列重要论述。

关于完善全球经济治理。习近平总书记指出，"面对世界经济形势的发展演变，全球经济治理需要与时俱进、因时而变。全球经济治理应该以平等为基础，更好反映世界经济格局新现实，增加新兴市场国家和发展中国家代表性和发言权，确保各国在国际经济合作中权利平等、机会平等、规则平等"[1]。

关于引领推动"一带一路"国际合作。习近平总书记指出，"面向未来，我们要聚焦重点、深耕细作，共同绘制精谨细腻的'工笔画'，推动共建'一带一路'沿着高质量发展方向不断前进"[2]。

关于引领推动构建开放型世界经济。习近平总书记指出，"我们要秉持开放、融通、互利、共赢的合作观，拒绝自私自利、短视封闭的狭隘政策，维护世界贸易组织规则，支持多边贸易体制，构建开放型世界经济"[3]。

习近平系列重要论述顺应各国人民过上更好日子的强烈愿望，为破解全球发展难题贡献了中国智慧，充分彰显了负责任大国的责任和担当，充分彰显了中国向世界张开双臂、同各国互利合作的诚意和决心，将推动我国更深入参与经济全球化进程，为世界经济复

---

[1]《中国发展新起点　全球增长新蓝图——在二十国集团工商峰会开幕式上的主旨演讲》，《人民日报》2016年9月4日。
[2]《推动共建"一带一路"高质量发展》（2019年4月26日），《习近平谈治国理政》第三卷，外文出版社2020年版，第490页。
[3]《弘扬"上海精神"构建命运共同体——在上海合作组织成员国元首理事会第十八次会议上的讲话》，《人民日报》2018年6月11日。

苏和增长注入更多动力。

3.创新经济全球化治理理念

当前全球经济治理陷入"双重困境",一方面大发展大变革大调整时代,和平赤字、发展赤字、治理赤字,是摆在全人类面前的严峻挑战;与此同时,现行以布雷顿森林体系为核心的全球经济治理面临的压力与挑战日益加大,推进全球经济治理体制变革已是大势所趋,需要各国通力合作来应对。在此背景下,习近平总书记准确把握全球经济治理体系变革的时代要求,就全球经济治理作出系列重要论述,提出了共商共建共享的全球治理观,阐明了全球经济治理的原则和重点。

关于共商共建共享的全球治理观。习近平总书记指出,"面对时代命题,中国将积极参与全球治理,秉持共商共建共享全球治理观"[1]。"我们要坚持共商共建共享的全球治理观,坚持全球事务由各国人民商量着办,积极推进全球治理规则民主化。"[2]

关于全球经济治理的原则和重点。习近平总书记在二十国集团工商峰会上指出,"全球经济治理应该以平等为基础,以开放为导向,以合作为动力,以共享为目标,共同构建公正高效的全球金融治理格局,开放透明的全球贸易和投资治理格局,绿色低碳的全球能源治理格局,推动全球绿色发展合作"[3]。

习近平总书记系列重要论述准确把握全球经济治理体系变革的时代要求,充分发掘了中华文化经济的处世之道和治理理念同当今时代的共鸣点,为完善全球经济治理贡献了中国智慧。

---

[1]《携手共命运同心促发展——在二〇一八年中非合作论坛北京峰会开幕式的主旨讲话》,《人民日报》2018年9月4日。
[2]《为建设更加美好的地球家园贡献智慧和力量——在中法全球治理论坛闭幕式的讲话》,《人民日报》2019年3月27日。
[3]《中国发展新起点 全球增长新蓝图——在二十国集团工商峰会开幕式上的主旨演讲》,《人民日报》2016年9月4日。

二、建设内陆开放高地科学指引的时代价值

习近平总书记关于对外开放的重要论述立足中国实际，统筹中华民族伟大复兴战略全局和世界百年未有之大变局，顺应人类命运共同体的现实需求，进一步明确了新时代构建中国式现代化、推进高水平对外开放的内涵及发展方向，开创了中国式现代化背景下对外开放的新局面，增强了在开放中谋发展的中国式现代化的国际影响力，具有重要的理论和实践意义。

（一）建设内陆开放高地科学指引的理论意义

1. 是对马克思主义开放发展思想的创新发展

对外开放理论在实践中产生并必然伴随着实践的深入而不断完善。中国共产党始终坚持把马克思主义理论作为中国特色社会主义事业建设的理论指引，并在实践中不断探索与发展，形成了独具中国特色的开放理论。马克思主义经典作家基于唯物史观的角度，不懈探索人类社会发展规律提出的有关对外开放的理论为我国对外开放理论提供了强大的本源和基础。习近平总书记关于对外开放重要论述是在继承并发展了马克思主义经典作家的对外开放理论基础上，结合我国对外开放具体实践形成的理论体系，充分体现了我国社会主义制度的优越性。马克思主义经典作家的对外开放理论和实践探索在历史长河发展中已被客观实际验证，为广大社会主义国家对外开放奠定了理论基础，提供了实践经验，在马克思主义经典作家对外开放理论的指引下，我国改革开放持续向纵深推进，并取得显著成效。新时代以来，经济全球化加速发展，如何提高对外开放的水平和质量成为重大而现实的问题。习近平总书记着眼于对人类

社会历史和世界发展趋势的科学判断，结合中国特色社会主义对外开放的实践，思考何为开放、为何开放及如何开放等问题，科学回答了高水平对外开放的战略地位、发展动力、目标任务与实践路径，巩固了马克思主义开放发展观的唯物主义根基，深化了中国共产党对开放发展规律的认识，为马克思主义开放发展思想的丰富和发展作出中国原创性贡献。

2.是对中国特色社会主义对外开放理论的极大丰富和发展

回顾我国经济社会发展进程，中国特色社会主义理论体系是中国共产党始终坚持把马克思主义同中国具体实际紧密结合起来创新形成的重大理论成果之一，中国特色社会主义对外开放理论是其不可分割的重要组成部分，对指导中国对外开放进程中的开放实践，发挥了重要作用。党的十八大以来形成的一系列关于新时代中国特色社会主义对外开放的重要理论成果充分体现了习近平总书记关于对外开放重要论述的核心精髓。在双循环新发展格局下，我国对外开放进程的不断深入使习近平总书记关于对外开放重要论述得到持续充实、完善，中国特色社会主义对外开放理论得到极大丰富和发展。

3.是新时代中国特色社会主义思想的重要组成内容

习近平总书记站在中华民族伟大复兴战略全局和世界百年未有之大变局的高度，准确判断国际形势新变化，深刻把握国内改革发展新要求，围绕对外开放作出的一系列重要论述既有很强的思想性、理论性、战略性，又有很强的针对性、实践性、可操作性，是习近平新时代中国特色社会主义思想的重要内容，充分展示了习近平新时代中国特色社会主义思想作为马克思主义中国化最新理论成果的鲜明时代特征，生动诠释了习近平新时代中国特色社会主义思想顺应新时代、新实践形成的党和人民的实践经验与集体智慧结晶，全面总结了当代中国深刻变革形成的历史经验，充分体现了中国共产党以先进理论引领时代的历史担当。对于在新的历史起点上推进对外开放；对于团结带领全国各族人民全面建成社会主义现代化强国、实现第二个百年奋斗目标，以中国式现代化全面推进中华民族伟大复兴；对于推动经济全球化、构建人类命运共同体，具有十分重大的意义。

（二）建设内陆开放高地科学指引的实践意义

1. 推动中国式现代化建设的行动指南

习近平总书记关于对外开放的重要论述，是推进新时代高水平对外开放和开放型经济发展的行动指南，为进一步完善中国特色社会主义市场经济体制、以中国式现代化全面推进中华民族伟大复兴指明了方向。中国式现代化是经济高质量发展的现代化。对外开放能为经济持续快速发展提供强劲动力，需要进一步拓展对外开放的范围和领域，以扩大开放带动创新、推动改革、促进发展，从而增强中国式现代化的内生动力，化解外在危机和压力。中国式现代化是走和平发展道路的现代化。坚持开放的发展、合作的发展、共赢的发展是走和平发展道路的重要内容。百年未有之大变局下，要树立人类命运共同体意识，坚持走共同发展的道路，坚持合作共赢，最终实现共同繁荣；要积极推动全球经济治理体系改革完善，以开放为导向，鼓励世界各国积极融入治理过程，特别是要增加新兴市场国家和发展中国家的代表性和发言权，树立开放理念、开放机制和相应政策，建立共商规则、共建机制，为高水平对外开放提供和平稳定的国际环境和国际体制保障。

2.为世界发展中国家在开放发展中谋求现代化提供新范例

习近平总书记关于对外开放重要论述不仅能指导中国特色社会主义对外开放实践,更为解决全人类共同面临的发展问题提出解决方案,为世界发展中国家谋求现代化提供新的发展思路和新范例。中国以自身发展成就彰显开放发展的成效,成为世界经济增长的主要稳定器和动力源,进入新时代,中国以实际行动全面扩大对外开放,向世界表明中国推进高水平对外开放的坚定决心,为发展中国家积极参与世界市场和国际合作竞争,促进经济发展,进而实现现代化提供了启示。在全球经济下行、经济全球化遭遇危机之时,习近平总书记以胸怀天下的责任担当与世界各国分享发展的机遇与经验,分享开放发展的中国式现代化道路,呼吁世界各国摒弃零和思维、以邻为壑等思想,号召世界各国继续坚持扩大对外开放,共商共建共谋发展,共同构建人类命运共同体,以开放发展的中国式现代化为发展中国家谋求现代化提供新范例。面对世界变局,习近平总书记始终鼓舞世界发展中国家着眼各国人民根本利益和光明未来,拓展经贸关系、深化互联互通,提升发展能力、加强文明对话,在开放发展中探索实现现代化的发展道路。如在中国—中亚峰会上习近平总书记发出"建设守望相助、共同发展、普遍安全、世代友好的中国—中亚命运共同体"①的号召。为发展中国家提供了现代化建设的新路径。

3.为提升中国话语体系传播能力构建高能级新平台

随着改革开放纵深推进,我国经济迅猛发展,进入新时代,我国在国际上的地位越来越重要。习近平总书记关于对外开放重要论述用中国的智慧和中国的方式,向世界响亮地发出中国声音、展示

---

①习近平《携手建设守望相助、共同发展、普遍安全、世代友好的中国—中亚命运共同体》,《人民日报》2023年5月20日。

了新时代的中国形象，进一步提高了我国在全球治理体系中的话语权，为中国话语体系高质量传播提供了高能级新平台。以习近平同志为核心的党中央，立足推动全球治理体系变革，以新发展理念为推动构建新型国际关系贡献中国智慧、提供中国方案，不断增强世界对我们的了解，消除误解，获得了国际社会的广泛认同，在实践创新中不断提升我国国际话语权，多渠道、多方式积极推动中国话语体系国际传播，向世界传递中国声音、讲述中国故事、贡献中国智慧，展示了源远流长的中华文明，在国际上产生日益广泛而深远的影响。

第二章

建设内陆开放高地的内涵特征

内陆开放作为新一轮高水平对外开放的重点方向，对于推动共建"一带一路"、践行人类命运共同体理念、应对国际环境变化、完善国家区域战略布局、强化国际国内区域合作、打造高质量发展的中国样本具有重要而突出的战略意义。建设内陆开放高地，是习近平总书记对重庆的殷切希望，是中央赋予重庆的重大使命和任务，是重庆的重大机遇和责任。要坚持战略导向，坚持从全局谋划一域、以一域服务全局，紧紧围绕"两点"定位和"两地""两高"目标，深度融入西部大开发、"一带一路"建设和长江经济带发展，加快建设内陆开放高地，做到以开放倒逼改革，以高水平开放推动高质量发展。

一、建设内陆开放高地的基本特征与重庆特色

党的十八大以来，面对中华民族伟大复兴的战略全局和世界百年未有之大变局，我们党统筹国内国际两个大局，推进各领域高质量发展，致力于促进高水平对外开放。党的二十大报告指出，"推进高水平对外开放"，"稳步扩大规则、规制、管理、标准等制度型开放"。新时代的内陆开放具有鲜明的时代特征，不断丰富发展对外开放的理论和实践，为中国式现代化注入了新的活力。

（一）新时代重庆建设内陆开放高地的核心要义

1.彰显新发展理念

理念是行动的先导。党的十八届五中全会首次提出"创新、协

调、绿色、开放、共享"的新发展理念,指出"创新发展注重的是解决发展动力问题,协调发展注重的是解决发展不平衡问题,绿色发展注重的是解决人与自然和谐问题,开放发展注重的是解决发展内外联动问题,共享发展注重的是解决社会公平正义问题"。2016年1月和2019年4月,习近平总书记两次视察重庆,要求重庆建设内陆开放高地,努力在推进共建"一带一路"中发挥带动作用,并亲自谋划部署中新(重庆)战略性互联互通示范项目、西部陆海新通道和成渝地区双城经济圈建设,赋予重庆开放发展的重大使命。这一系列重要讲话和指示要求是习近平总书记对重庆的殷殷嘱托,是在充分考察调研的基础上,科学总结和分析国内外发展经验教训和发展大势的基础上形成的新思路、新战略、新举措,是基于对重庆发展的长期关注,对重庆未来的准确把脉,充分体现了开放发展的新发展理念,集中反映了我们党对经济社会发展规律认识的深化,很好地回答了中国特色社会主义进入新时代内陆地区应实现什么样的发展、怎样实现发展这一关系内陆地区发展的重大问题,是开放发展的指挥棒、红绿灯。

2.突出服务区域协调发展大局

区域发展一直以来都是我们党治理国家的重要遵循。新中国成立以来,我国区域发展经历了多次重大调整。伴随着发展水平不断提升,我国从局部优先发展的区域倾斜政策向统筹区域协调发展转变。习近平总书记高瞻远瞩,为重庆发展导航定向,2019年4月,习近平总书记在重庆考察时强调,"要加大创新支持力度,要坚定不移推进改革开放,努力在西部地区带头开放、带动开放"[①]。2020年1月,习近平总书记主持召开中央财经委员会第六次会议强调,

---

① 习近平:《统一思想一鼓作气顽强作战越战越勇 着力解决"两不愁三保障"突出问题》,《人民日报》,2019年4月18日。

"要尊重客观规律，发挥比较优势，推进成渝地区统筹发展，……使成渝地区成为具有全国影响力的重要经济中心、科技创新中心、改革开放新高地、高品质生活宜居地，助推高质量发展"[①]。重庆深入学习贯彻习近平总书记对重庆所作重要讲话和系列重要指示批示精神，完整、准确、全面贯彻新发展理念，以高水平开放促进深层次改革，培育内陆开放新动能新优势，构建陆海内外联动、东西双向互济开放格局，抓大开放促国际化，加快形成"一带一路"、长江经济带、西部陆海新通道联动发展的战略性枢纽，增强内陆开放的区域引领力辐射力。所以说，推动成渝地区双城经济圈建设、建设内陆开放高地是一盘棋，重庆要抓住成渝地区双城经济圈建设重大战略机遇，分阶段实现重庆在成渝地区双城经济圈建设崛起中的战略目标，在促进双城经济圈建设，服务区域协调发展大局中展现新形象新作为新担当。

3. 紧扣高质量发展要求

以习近平同志为核心的党中央，始终对重庆"十分关心、寄予厚望"。立足"两点"定位，发挥"三个作用"，指引重庆立足优势、把握机遇；"两地""两高"目标，指引重庆锚定方向、锐意进取；营造良好政治生态，指引重庆激浊扬清、聚力前行；成渝地区双城经济圈建设，指引重庆跃迁升级、提升位势；西部陆海新通道建设，指引重庆拓展空间、再辟新路。习近平总书记指出，"'一带一路'建设为重庆提供了'走出去'的更大平台，推动长江经济带发展为重庆提供了更好融入中部和东部的重要载体，重庆发展潜力巨大、前景光明。要求重庆完善各个开放平台，建设内陆国际物流枢纽和口岸高地，建设内陆开放高地。希望重庆发挥西部大开发

[①]《习近平主持召开中央财经委员会第六次会议强调　抓好黄河流域生态保护和高质量发展　大力推动成渝地区双城经济圈建设》，《人民日报》，2020年1月4日。

重要战略支点作用,积极融入'一带一路'建设和长江经济带发展,在全面建成小康社会、加快推进社会主义现代化中再创新的辉煌"①。这一系列的重要讲话和指示要求的主要内容紧紧围绕高质量发展为主线,以开放发展为突破口之一,以开放发展推动高质量发展。重庆全面贯彻落实习近平总书记的殷殷嘱托,沿着习近平总书记指引的方向,奋进新征程,建功新时代,奋力书写了一篇篇高质量发展、高品质生活的美好篇章,正是因为坚持高质量发展方向不动摇,重庆经济发展才能呈现出新旧动能加快转换、发展质量和效益明显提升的良好态势。

(二)建设内陆开放高地的基本特征

1.坚持高水平对外开放

推动高水平对外开放是建设内陆开放高地的必然要求。顺应国内外形势发展、推动高质量发展、满足人民群众对美好生活向往的需要是建设内陆开放高地的基本要求。首先,实行高水平对外开放是顺应国内外形势发展的必然要求。尽管经济全球化进程遭遇严峻挑战,但总体判断,经济全球化是社会生产力发展的客观要求,是科技进步的必然结果,是满足人类美好生活需要的必由之路,其发展趋势不可逆转。在此背景下,实行高水平开放具有长期必然性。其次,实行高水平对外开放是推动高质量发展的必然需要。以开放促改革、促发展,是我国现代化建设不断取得新成就的重要法宝,通过高水平对外开放,以开放倒逼改革,有利于进一步解放束缚和阻碍生产力发展的体制机制障碍,促进产业迈向全球产业链价值链

---

①习近平:《落实创新协调绿色开放共享发展理念 确保如期实现全面建成小康社会目标》,《人民日报》2016年1月4日。

中高端环节，加快培育我国经济新动能，从而助推供给侧结构性改革，实现经济高质量发展。再次，实行高水平对外开放是满足人民群众对美好生活向往的需要。我国市场需求巨大，实行高水平对外开放对于满足人民需求、建设社会主义现代化国家能提供更加坚实的物质基础。

2.突出制度型开放

近年，我国贸易投资自由化、便利化水平持续提升，商品、资本等要素流动基本实现自由化，建设内陆开放高地需要更加突出制度型开放，由商品和要素流动型开放向规则、规制、管理、标准等制度型开放延伸，强化制度性、结构性安排，形成与国际高标准规则相衔接的经贸制度体系。通过制度型开放，积极从货物贸易转向服务贸易、从最终产品转向价值链、从获取资源转向要素整合，削减"边境内"贸易壁垒，加快相关体制、规制与政策的调整，实现贸易由规模速度型向质量效益型转变；通过制度型开放，深化服务领域对外开放，提升投资自由化和保护程度；完善对外投资合作服务保障体系，全面提升跨国经营能力和核心竞争力；优化金融发展理念、制度、技术以及金融资产和资本机构，提升金融服务实体经济能力；促进国内外资本、技术、管理人员、劳工、信息、服务的自由流动，促进资源高效配置、市场深度融合，加快培育参与和引领国际经济合作竞争新优势。

3.突出我国大市场优势

新发展格局下的内陆开放，不但要强化国内大循环主体地位，稳定开放的国内经济基本盘，还要更好带动激活国际循环。因此，建设内陆开放高地要更强调开放与产业的融合协同，通过开放强化供应链整合能力，通过建链、补链、强链、固链培育开放的产业根基，实现功能互补、多维协同、融合发展，培育更具竞争力的开放主体，从根本上提升内陆开放的质量，提升促进国际合作的能力。同时，新发展格局下的内陆开放，是以我国大市场优势，为各国提供更多的市场机会，使内陆成为吸引全球优质要素资源的强大引力场，增强国内产业和海外产业之间的联系，带动更多国家融入全球产业链、价值链、供应链等与产业发展相关的综合网络，塑造高起点介入、高端环节延伸的国际分工新格局，建立更符合全球分工新格局的"走出去"制度框架，更好实现国内国际双循环相互促进。

4. 突出开放通道建设

区位因素对地区经济发展具有重要影响，特别对交通运输影响巨大，沿海地区正是凭借其临海的优越区位条件，抢占对外开放先机，大力发展对外贸易，获得经济快速发展，成为中国改革开放最前沿。受地理区位限制，内陆开放是一道世界级难题，长期以来，运输通道不畅、物流成本高昂成为内陆开放的现实障碍，开放对内陆地区而言就像一道厚重的城门，推不动、打不开、喊不应，外面的世界虽精彩，却很无奈。开放通道是承载物流、人流、资金流、信息流的载体平台，是内陆开放的先决性条件。内陆地区建设开放通道就是用后天的建设弥补先天条件的不足，彻底将内陆腹地的劣势地理区位变为全面开放的优势经济区位，从而实现从开放的"末梢"向开放的"前沿"转换，深度参与国内国际双循环。

5. 突出参与全球经济治理体系改革

当前，单边主义、保护主义侵蚀国际秩序和国际规则，全球经济治理体系受到冲击，主要西方大国回归传统的国家主义立场，内顾保守化倾向加重，提供国际公共物品、变革全球治理体系的意愿减退。作为负责任大国的自觉担当，我国更加主动参与全球治理体系改革和建设。建设内陆开放高地创新了我国参与全球经济治理体系改革的思路，进一步推动我国高质量共建"一带一路"、共同构建人类命运共同体、推动多边贸易体制与时俱进，维护发展中成员的发展空间。也对继续推动区域经济一体化，提升双边开放水平，不断扩大自由贸易区网络，推进与相关国家的自贸区升级，加快构建全方位对外经济合作关系，进一步推动全球经济治理体系变革，用好二十国集团、亚太经合组织、金砖国家等平台，增强新兴市场国家和发展中国家的发言权，推动国际经济治理体系朝着更加公平、公正、合理的方向发展具有重要战略意义。

（三）建设内陆开放高地的重庆特色

1. 内陆国际物流枢纽引领内陆开放高地建设

不断健全完善的顶层设计，《重庆市现代物流业发展"十四五"规划》《重庆市口岸发展"十四五"规划》《重庆市加快建设西部陆海新通道五年行动方案》等相继发布，全面统筹口岸物流发展，在内陆开放高地建设中发挥着引领支撑作用。东西南北四个方向、铁公水空四种方式的出海出境大通道加快建设，形成面向长江经济带、西部陆海新通道、亚欧通道、中蒙俄通道的东南西北四个方向的开放通道格局，通道综合功能和运输效率不断完善和提升，运营组织效率更高。入选首批国家综合货运枢纽补链强链城市，是全国唯一兼有水、陆、空、生产服务、商贸物流五种类型国家物流枢纽的承载省区市，枢纽功能不断强化。

2. 高能级开放平台激发内陆开放高地的生机活力

开放平台创新发展、转型升级持续推进，全市开放平台发展加速从"有没有"向"好不好"转变，成为全市产业发展、经济增长的主战场，和重庆推动共建"一带一路"的重要窗口，不断激发内陆开放高地的生机活力。重庆自贸试验区集聚了全市超四分之一的进出口企业，贡献了全市约70%的进出口贸易总额。中新互联互通项目推进顺利，《中新（重庆）战略性互联互通示范项目国际陆海贸易新通道合作规划》正式发布，金融科技合作示范区、国际航空产业示范区等重大项目加快建设。两江新区内陆开放门户效应进一步凸显，中德、中意、中瑞等国际合作园区建设加快推进，果园港开放枢纽功能不断完善。西部科学城重庆高新区开放主力军作用充分发挥，外贸进出口占全市总额的四成。综合保税区、国家级开发区等产业平台发展不断提速。

3. 重点领域改革创新是稳步扩大制度型开放的根本保证

制度型开放创新探索步伐不断加大，对外开放中的制度设计不断完善，为稳步扩大制度型开放提供强有力的支撑作用。国际高标准制度创新不断深化。抢抓RCEP实施红利，积极推进贸易促进、补链强链、"渝商出海"等八大行动。依托自贸试验区等创新平台，深化首创性、差异化改革探索。优质高效的服务业新体系逐渐形成，服务业扩大开放综合试点86项试点任务已落地75项，科技跨境贷、"动态界定平台义务"裁判规则等13个首创性差异化探索做法入选商务部最佳实践案例。服务贸易创新发展试点全面深化，"探索涉外法律服务新模式"案例入选全国首批最佳实践条例。全国首例"以航空公司为单元"保税航材海关监管模式的重大制度创新成果，新加坡航空公司（重庆）保税航材分拨中心落地。营商环境改革创新。深入实施营商环境创新发展试点，瞄准最高标准、最高水平开展先行先试，形成"1个总体方案+100个专项方案"的制度体系。扎实开展促进跨境贸易便利化专项行动，推进海关全业务领域一体化试点，持续开展智慧口岸、智慧边检建设。

4. 以西部陆海新通道为牵引建设内陆开放高地

突破"内陆思维"的限制，率先开通渝新欧国际铁路联运通道，服务"一带一路"沿线货物互联互通，还与广西、新加坡一起开拓西部陆海新通道正式实现常态化运营，并推动西部陆海新通道上升为国家战略，同时积极推进向北、向东的通道建设，借通道之便，通江达海、贯穿欧亚，实现了"一带一路"和长江经济带无缝衔接，将重庆不靠海、不沿边的劣势，转为辐射东南西北四个方向的优势，曾经的开放"末梢"变身开放前沿。西部陆海新通道成为加强我国与沿线国家经贸合作、维护全球供应链稳定的综合性国际大通道，为促进西部地区经济社会发展、服务高水平对外开放、畅通国内国际双循环提供了有力支撑；也为重庆建设内陆开放高地提供了重要支撑。重庆作为通道物流和运营组织中心，充分发挥西部陆海新通道带动内陆开放的作用，汇聚全球要素资源，以更广的视野，融入更大范围的产业链条，跑出内陆开放"加速度"。

5.持续深化的国内国际合作拓展内陆开放空间

国内国际交往合作持续深化，不断拓展"朋友圈"。2020年以来，重庆牢牢把握融入共建"一带一路"、成渝地区双城经济圈建设机遇，中西部国际交往中心建设进展顺利，在服务国家总体外交、强化国际资源配置、拓展国际交往合作、优化国际交往环境、提升国际传播能力等方面取得积极成效，为推动我国形成陆海内外联动、东西双向互济开放格局做出了新贡献。高水平开放协作持续深化。成渝地区联手打造内陆开放高地，制定出台联手打造内陆开放高地方案、共建富有巴蜀特色的国际消费目的地、共建"一带一路"科技创新合作区实施方案等文件，协同建设川渝自贸试验区协同开放示范区、"一带一路"进出口商品集散中心。此外，国内区域间开放协作持续深化，京津冀、长三角、粤港澳大湾区等国内重点区域交流互动不断加强。

二、建设内陆开放高地是新时代重庆开放发展的根本要求

党的二十大报告指出:"中国坚持对外开放的基本国策,坚定奉行互利共赢的开放战略,不断以中国新发展为世界提供新机遇,推动建设开放型世界经济,更好惠及各国人民。"重庆作为我国中西部地区唯一的直辖市,区位优势突出,战略地位重要,是西部大开发的重要战略支点,处在"一带一路"和长江经济带的联结点上,在国家区域发展和对外开放格局中具有独特而重要的作用。党中央高度重视重庆发展,亲切关怀重庆人民,习近平总书记两次亲临重庆视察指导,参加全国人大会议重庆代表团审议并发表重要讲话,三次向中国国际智能产业博览会致贺信,多次对重庆工作作出重要指示批示,对重庆提出营造良好政治生态,坚持"两点"定位、"两地""两高"目标,发挥"三个作用"和推动成渝地区双城经济圈建设、加快建设西部陆海新通道等重要指示要求。这些重要讲话和指示精神,立意深远、思想深邃,内涵丰富、指向明确,是习近平新时代中国特色社会主义思想的重要组成部分,也是新时代重庆对外开放的根本要求,为推动重庆再上新台阶指明了前进方向、提供了根本遵循。

(一) 重庆建设内陆开放高地的价值意蕴

1.全面落实殷殷嘱托的重要体现

加快建设内陆开放高地,在共建"一带一路"中发挥带动作用,是习近平总书记对重庆的殷殷嘱托,为重庆开放指明了方向。重庆以习近平新时代中国特色社会主义思想为指导,切实贯彻落实

习近平总书记对重庆工作的系列重要讲话精神，坚持从全局谋划一域、以一域服务全局，全面融入共建"一带一路"和长江经济带发展，加快构建高水平开放型经济新体制，大力提高对外开放水平，更好地在西部地区带头开放、带动开放。高水平共建西部陆海新通道，推动中欧班列高质量发展，提升长江水运通道服务效率，拓展渝满俄国际铁路班列辐射范围。积极促进中新（重庆）战略性互联互通示范项目、中国（重庆）自由贸易试验区等战略平台改革先行先试，加快提升平台开放能级。深化与东部地区交流互动，加强"一带一路"国际合作，加强外贸外资外经联动，推动开放型经济高质量发展，建设内陆开放高地跃上新台阶。

2.主动融入服务国家战略的客观要求

重庆作为我国中西部地区唯一的直辖市，是西部大开发的重要战略支点，处在"一带一路"和长江经济带的联结点上，在国家区域发展和对外开放格局中具有独特而重要的作用。习近平总书记在视察重庆时指出，"'一带一路'建设为重庆提供了'走出去'的更大平台，推动长江经济带发展为重庆提供了更好融入中部和东部的重要载体，重庆发展潜力巨大、前景光明。要求重庆完善各个开放平台，建设内陆国际物流枢纽和口岸高地，建设内陆开放高地。希望重庆发挥西部大开发重要战略支点作用，积极融入'一带一路'建设和长江经济带发展，在全面建成小康社会、加快推进社会主义现代化中再创新的辉煌"[1]。建设内陆开放高地，是习近平总书记对重庆的重要定位，也是主动融入服务国家战略的客观要求，对重庆加快形成"一带一路"、长江经济带、西部陆海新通道联动发展的战略性枢纽，增强内陆开放的区域引领力辐射力，更好

---

[1] 习近平：《落实创新协调绿色开放共享发展理念　确保如期实现全面建成小康社会目标》，《人民日报》2016年1月4日。

地服务和融入新发展格局，在推进共建"一带一路"中发挥带动作用上展现更大作为意义重大。此外，新的国际国内形势下，建设内陆开放高地，依托内陆地区战略优势和产业基础，构建一整套包含国防、生态、产业、国际交往等全方位的战略安全体系，"备份"中国经济，拓展开放战略空间，实现战略纵深与开放前沿融合发展，成为新时期巩固国家战略安全的必然选择。

3.全面开放的内在要求

内陆城市是相对于沿海和沿边城市的概念，是指地处大陆的内部，远离海岸线和边境线的城市。从对外开放的角度看，沿海城市与国际市场直接对接，在获取生产资料、感知市场动态、进行商品贸易等方面相对于内陆城市来说有着得天独厚的优势。改革开放以来，东部沿海地区始终处在中国对外开放的前沿，而中西部等广大内陆地区开放型经济发展水平相对较低，是全面开放格局的短板和弱项。重庆紧紧围绕"两点"定位和"两地""两高"目标，深度融入西部大开发、"一带一路"建设和长江经济带发展，加快建设内陆开放高地，做到以开放倒逼改革，以高水平开放推动高质量发展，不但提高了重庆内陆开放水平，助推重庆从开放末梢成为开放新前沿，是继续拓展开放领域，提高开放效率，优化开放布局的关键环节，也是构建对外开放新格局，实现全面开放发展的内在要求。

4.构建新发展格局的重庆使命担当

内陆开放是构建双循环新发展格局的必然选择，新的形势带来新的挑战，也带来新的机遇。内陆城市对外开放相较而言起步较晚，起点较低，国际秩序的重构、单边主义和保护主义的抬头给内陆城市开放型经济体系建设带来极大的挑战。加快构建以国内大循环为主体、国内国际双循环相互促进的新发展格局是习近平总书记根据新的形势提出的发展新思路，让生产、分配、流通和消费各环节更多依托国内市场，主动与世界经济对接，实现世界范围内的经济循环。重庆提出打造成为国内大循环和国内国际双循环的战略枢纽，这是中西部地区新一轮开放的潜力和动力的体现，对重庆打通区域间沟通交流的通道，推动生产要素市场化配置，畅通商品和服务在全国范围内的大循环；依托"一带一路"，联通国际市场，完善内外贸一体化调控体系，实现开放共享的高质量发展具有重要意义，也是构建双循环新发展格局的必然选择。

5.高水平开放高质量发展阶段的必然

高水平开放要求拓展开放空间，也要求提高开放对象层次，还要求开放领域坚持制造业领域开放与服务业领域开放更好结合，同时还要求在开放范围方面实现对内对外开放高度融合。建设内陆开放高地，能推动重庆的劳动、知识、技术、管理、资本等要素活力竞相迸发，吸引更多的项目和资金进入重庆，赋予现代化新重庆建设新动能，因此建设内陆开放高地是高水平开放的必然。建设内陆开放高地是助推重庆高质量发展的持久动力，是贯彻新发展理念，实现高质量发展的必然。建设内陆开放高地对重庆而言是开放模式的创新，为重庆加快构建产业新体系，深化开放型经济体制改革提供了新的方向和抓手。建设内陆开放高地是整体性协调性发展的有力体现，它是充分发挥重庆自身的比较优势，在巩固原有发展优势的前提下不断缩小与沿海发达地区发展差距的路径，是发展短板与发掘潜力的有机结合。建设内陆开放高地是对外开放新机制的组成部分，它是重庆以经济全球化为背景，以全国统一大市场为基础，通过持续深化对内对外开放，充分利用国际国内两种资源、两个市场，在全球范围内优化资源配置，不断深化国际分工与合作的开放发展战略。

6.推动区域协调发展的现实需要

统筹区域发展一直以来都是我们党治理国家的重要遵循。新中国成立以来，我国区域发展经历了多次重大调整。伴随着发展水平不断提升，我国从局部优先发展的区域倾斜政策向统筹区域协调发展转变。当前我国经济社会发生深刻而复杂的变化，高质量发展成为时代主题，长三角、粤港澳大湾区等区域已经走上高质量发展轨道，东北地区、西北地区发展相对滞后，全国经济重心南移，区域经济发展分化态势明显。要通过引导生产要素空间合理配置，充分发挥各地区的比较优势，大力促进各地区经济协调发展，形成区域间经济平衡和充分发展、各地区分工明确、资源和要素高效配置和流动、市场一体化程度较高的开放型经济布局。习近平总书记要求重庆努力在推进新时代西部大开发中发挥支撑作用，这就要求重庆要发挥自身资源禀赋的相对优势，借助交通基础设施和通信、信息技术的高速发展，克服地理位置的制约，紧紧抓住西部大开发、"一带一路"、长江经济带建设等国家层面政策倾斜的机遇，通过深化改革开放释放活力，大力降低生产成本，激励创新发展和产业优化升级，增强发展新动能。通过优化营商环境等提升软实力，吸引生产要素向内陆地区集聚，形成资源和要素在区域间的合理高效配置，促进区域经济协调发展和布局优化，培育新增长极带动内循环。因此，打造内陆开放高地是推动区域协调发展应对现实需要，也是应对国际环境不确定性变化，增强我国战略纵深，实现自主安全发展和高水平的自立自强，充分发挥我国内在优势，实现更高质量、更有效率、更加公平、更可持续、更为安全地发展的重大战略部署。

（二）重庆建设内陆开放高地的基本要求

1. 坚持深化改革和扩大开放并重

以体制机制创新为首要任务，全面推进简政放权、放管结合、优化服务改革，提高投资贸易便利化水平，使市场在资源配置中起决定性作用和更好发挥政府作用，着力降低制度性交易成本，优化营商环境，进一步激发市场活力和社会创造力。积极融入国家开放战略，推进更深层次更高水平对内对外开放，用开放倒逼体制改革，推动各项改革向更加完善的制度靠拢，从要素开放向制度开放全面拓展，构建开放型经济新体制，以开放促改革、促合作、促发展。

2.坚持对外开放和对内开放并重

坚持国际国内、市内市外联动，以通道带物流、物流带经贸、经贸带产业，加快融入陆海内外联动、东西双向互济的开放格局。坚持对内与对外开放、内资与外资、货物贸易与服务贸易、进口与出口、"走出去"与"引进来"、线上与线下协调发展，在投资、贸易、通道、平台建设相互促进中建设内陆开放高地，融入国内国际"双循环"新格局。加强与重点国家和地区合作，对接粤港澳大湾区、京津冀、长三角等发达地区开放战略，鼓励优势企业走出去，进一步扩大对外贸易开放程度，深化高层次交流与合作，吸引高端要素集聚，推动重庆高水平对外开放。

3.坚持政府引导和市场主导并重

加强统筹指导，以企业为主体、市场为导向，充分发挥市场在资源配置中的决定性作用，提高开放资源要素效率，激发企业的内生动力和创新活力；推动有效市场和有为政府更好结合，优化对外开放的营商环境，健全支持扶持政策，加强市场培育、监管、秩序规范和公共服务，营造良好的政策发展环境，通过以商招商、产业招商等形式充分调动各方积极性，发挥市场在资源配置中的决定性作用，突出企业在市场中的主体地位，坚持投资主体多元化、经营管理企业化、运作方式市场化，积极对接引入世界500强企业，以投资为纽带推动优质开放资源导入重庆，加快形成政策法规完备、市场机制健全、服务保障有力的对外开放新格局。

4. 坚持绿色发展与开放发展并重

深入落实碳达峰、碳中和重大战略决策，坚定不移走生态优先、绿色低碳发展道路。发展绿色贸易，打造绿色贸易发展平台，大力发展高质量、高附加值的绿色产品贸易，严格管理高污染、高耗能产品出口。发展绿色投资合作，引导外资投向节能环保、生态环境、绿色服务等产业，推动绿色低碳技术走出去。加强对国际低碳认证、碳足迹标识、碳关税、绿色环境标志、绿色包装制度等绿色贸易壁垒的研究应对，加大政府绿色采购力度，建立完善的绿色专利快速审查制度。

5. 坚持安全发展与开放发展并重

注重处理好发展和安全的关系，落实总体国家安全观，既善于把握大势、抢抓发展机遇，又强化底线思维、风险防范意识，主动参与国家推动的全球经济化进程、全球经济治理，参与国际经济合作和竞争，处理好对外开放同维护经济安全的关系。坚持新发展理念，把握好自立自强与开放合作的关系，完善应对经贸摩擦机制，处理好参与国际分工与保障国家安全的关系，推动产业链安全布局，既积极引入外资，又做好安全审查，在确保安全前提下扩大开放。加强事前防范和事中事后监管，丰富防范应对重大风险的手段，健全风险评估、监测预警和应急处置"三位一体"的开放型经济安全保障体系，形成从风险预警到精准施策的应对标准化流程，提升应急响应处置能力。完善贸易救济、突发事件应对及风险化解机制，不断提升统筹开放发展与经济安全的能力水平。

第三章

通道体系建设

党的十八大以来，习近平总书记创造性地提出共建"一带一路"倡议，不仅为世界经济增长开辟了新空间，为国际贸易和投资搭建了新平台，也为中国西部地区和重庆开放开发提供了重大战略机遇。为破解内陆开放难题，重庆不断突破地理区位局限，以铁路和公路为载体，成功开辟出"东南西北"四向物流大通道。

一、出海出境通道建设

为增强内陆国际物流枢纽作用，重庆坚持"从全局谋划一域、以一域服务全局"，在共建"一带一路"过程中，把通道建设作为重大战略任务抓紧抓实，通过出海出境大通道建设，初步建成以重庆为中心、立足西部、辐射全国，东南西北四个方向互联互通、铁公水空多式联运的国际物流通道体系。

（一）西部陆海新通道建设走深走实

西部陆海新通道是新时代新征程新重庆建设的重大任务，也是新重庆最具辨识度的标志性成果，具有极其重大的战略意义。习近平总书记高度重视陆海新通道在"一带一路"建设中的作用，在多个场合作出重要指示，为陆海新通道发展提供根本遵循。西部陆海新通道作为国家开放大通道，为重庆向南出海、加快建设内陆开放高地打开了新大门，为西部地区加快融入全球经济打开了新空间，已成为推动西部地区经济高质量发展的重要动力。

1. 基础设施网络不断完善

主通道建设取得成效。东线通路持续完善，渝怀铁路增建二线、焦柳铁路怀化至柳州段电气化改造等项目建成投运，渝湘高铁重庆至黔江段加快建设。中线通路运输能力有效提升，渝贵高铁前期工作稳步推进。G75渝黔复线高速公路建成通车，G93渝遂高速公路复线加快建设。枢纽网络体系不断拓展。市域内不断巩固"一主两辅多节点"的枢纽节点网络，形成以团结村集装箱中心站、鱼嘴站、小南垭站、涪陵西站、洛碛站和秀山站为核心的通道始发节点体系。集疏运设施加快建设，陆海新通道重庆无水港、万州新田港铁路集疏运中心线路、秀山铁路集装箱货场扩能改造工程等投入使用，鱼嘴站新建南货场集装箱功能区。在东盟国家布局8个海外仓。在全国率先开行中老铁路去、回程班列，实现"周周班"常态化运行，首发中缅印国际联运班列。

2. 统筹协调机制不断完善

在国家发展和改革委牵头设立的西部陆海新通道省部际联席会议机制领导下，设立西部陆海新通道物流和运营组织中心，负责完成省部际联席会议交办事项，省际联席会议办公室和市领导小组办公室日常工作，承担综合协调、规划发展、区域合作、项目推进、信息服务等公共服务职能。积极发挥通道物流和运营组织中心作用，努力当好西部陆海新通道建设"牵头人"，重庆牵头会同西部地区12省（区、市）、海南省和广东省湛江市、湖南省怀化市建立省际协商合作联席会议机制，审议通过了《西部陆海新通道沿线省（区、市）与东盟国家合作行动方案（2022—2025）》《共建西部陆海新通道跨区域综合运营平台方案》等重要文件，推动形成西部陆海新通道"13+2"共建新格局。

3.运行质量效益显著提升

西部陆海新通道壮大了重庆乃至西部地区至东盟等国家的运输网络，成为交通物流组织、经济产业合作的重要载体。重庆铁海联运班列、跨境公路班车和国际铁路联运班列保持高质量发展，运输效率和经济效益位居沿线省（区、市）前列。2023年1—10月，重庆经西部陆海新通道运输14.4万标箱，同比增长20%，占沿线地区总量的27%左右。截至2023年10月底，重庆经通道累计运输56.4万标箱，货值933.5亿元，物流网络覆盖120个国家和地区的473个港口，货物品类达到980余种。通道与中欧班列、长江黄金水道无缝衔接，欧洲与东盟货物经通道实现双向流通，重庆作为"一带一路"与长江经济带联结点的作用显著提升。

4.协同衔接作用持续深化

按照"统一品牌、统一运作、统一规则"原则，牵头与广西、贵州、甘肃、宁夏、新疆等沿线省（区、市）组建跨区域综合运营平台，并在贵州、宁夏、甘肃、新疆、重庆、广东湛江、湖南怀化等地设立区域运营平台，设立海外公司和专业化子公司，有效提升平台集聚效应。通关便利化水平持续提升，15个沿线海关在重庆签署《区域海关共同支持西部陆海新通道建设合作备忘录》。重庆海关率先开展"两步申报""两段准入"监管创新，通关时间从3天缩短为半天；在全国首次实现电子口岸用户认证服务跨关区代办，单次业务节省成本近1000元，办理时间压缩2/3以上；取消进出口环节验核84项证明事项，进出口货物申报项目由229个精简到105个。

（二）中欧班列品牌地位巩固

作为国内最早开通中欧班列的城市，重庆是全国五大中欧班列集结中心之一。经过多年探索，已在铁路双向运邮、跨境电商、笼车运输、海外仓建设、区域合作、铁路物权凭证试点、"区块链+金融"探索等领域走在前列，运行质量与效率居全国前列，稳定运行线路超50条，通道网络辐射欧亚超100个城市节点，累计开行量占全国中欧班列的20%以上，去回程比例基本保持均衡，综合重箱率跃升至95%，对加快亚欧铁路一体化建设、搭建与沿途国家的经济联系和文化交往桥梁，服务重庆发展世界性产业集群、打造内陆开放高地，全面融入共建"一带一路"具有重大意义。2021年1月1日，重庆、成都两地首列中欧班列（成渝）号列车同时发出，这是国铁集团首次批准成渝两地统一品牌，并使用统一名称开展品牌宣传推广。作为重庆和成都共同创立的全新中欧班列品牌，中欧班列（成渝）号在持续为成渝地区双城经济圈建设注入动力的同时，也翻开了中欧班列发展新篇章。

1.建立跨国协同机制

建立"五国六方"铁路联席会议制度、跨国海关国际协调机制、量价挂钩机制；推动中欧"安智贸"试点和多国海关"一卡通"等机制的建立，实现沿线国家一次报关、一次查验、全程放行的绿色通关方式，降低全线铁路运价40%。

2.突破国际运邮限制

率先打破国际铁路60年来禁止运邮的禁令，成为海关总署批准的国内第一个铁路运邮试点城市，构建了国际铁路运邮新规则。累计运输国际邮件超2800万件，总货值约3.1亿美元，目的地覆盖欧洲36个国家和地区，位居全国第一也是全国唯一常态化开展运邮业务的中欧班列。

3. 实现"一带"与"一路"和长江黄金水道的无缝联结

在畅通欧洲与中亚方向主干线路的基础上，陆续开通了东南亚、东北亚铁海联运班列，以及至越南、老挝、泰国等地的铁铁联运和铁公联运班列，打通中南半岛市场，成为联通欧洲和东南亚市场的国际铁铁联运大通道，累计与西部陆海新通道、长江黄金水道联运货物超过5万标箱。

4. 探索陆上国际贸易规则取得进展

积极探索铁路提单物权化。借鉴海运提单开发形成"铁路提单"，应用于国际铁路运输信用证结算。在开具首笔铁路提单国际信用证基础上，完成铁路提单的地方立法，并在国内率先通过司法判例获得国家法律支撑。获批全国中欧班列铁路物权凭证试点城市。

5. 释放外贸新业态新模式发展动能

开行跨境电商专列。在商务部、海关总署等国家部门的大力支持下，成功开通全国首趟跨境电商B2B出口专列。截至目前，已累计发送跨境电商货物近1.5万标箱。构建海外分拨体系。形成36条成熟运行线路，可辐射亚欧35个国家近100个节点城市。与德国、荷兰、波兰、匈牙利、俄罗斯等20余个欧亚国家合作，拥有全国中欧班列唯一自主产权海外仓。

6. 打造区域合作示范样板

在全国首创中欧班列跨省域共商共建共享，联合打造"中欧班列（成渝）"品牌，形成重庆市、四川省、中铁成都局集团公司三方联席机制，实现运价、运量、品牌"三统一"，形成近、中、远"三步走"发展目标。2021年中欧班列（成渝）统一品牌以来累计开行超1万列。2023年1—11月，中欧班列（成渝）开行5009列，占全国中欧班列开行总量的30%。

（三）国际航空枢纽建设有序推进

1. 基础设施不断完善

江北国际机场被中国民航局定位为我国十大国际航空枢纽之一。"一大四小"运输机场格局全面形成，建成投用江北国际机场第三跑道及T3A航站楼，开工建设第四跑道及T3B航站楼；以机场为主体的一体化综合交通网络进一步完善，国际航空枢纽功能和保障能力显著提升。巫山、武隆民用机场建成投用，万州机场改扩建工程、黔江机场航站区改扩建工程加速推进，完成重庆新机场选址。龙兴、大安通用机场投入运行。以江北国际机场为核心，万州、黔江、巫山、武隆支线机场为支撑，部分通用机场为补充的多层次机场体系基本形成，航空服务覆盖范围持续扩大。

2. 航线网络覆盖水平不断完善，航空业务规模快速增长

累计开通航线总数329条，通航城市203个；其中国内航线247条，通航城市142个；国际及地区航线82条，通航城市61个，直飞航线74条。作为成渝世界级机场群的双核之一，2023年，重庆江北国际机场完成旅客吞吐量4465.7万人次，已基本恢复到2019年水平，旅客吞吐量在全国机场排名第6位。

3. 国际货邮枢纽运行保障能力稳步提升

2022年1月25日，江北机场国际货运站二期工程顺利建成投用，枢纽年国际货邮保障能力达到40万吨。利用"智慧航空物流信息平台""智能快件查验线""月台智能化管理系统""货站水位

管理系统"等信息化系统，国际货物进出港效率进一步提高提升。2022年新开2条定期国际货运航线（重庆—新德里、重庆—孟买），当前在飞国际（地区）定期货运航线17条，每周国际货运航班超过50班。航线数居西部首位，联通法兰克福、阿姆斯特丹、莫斯科、芝加哥、悉尼、曼谷等国际航空货运枢纽。2022年，完成货邮吞吐量41.5万吨，国际货邮吞吐量21.6万吨，其中超过70%的货物为笔电、芯片、半导体等高端制造业产品及其原材料，有力保障产业链、供应链稳定。

（四）长江黄金水道挖潜增效

1.重庆航道通过能力持续提升

先后实施了长江三峡水库变动回水区碍航礁石炸除一期、二期工程，长江九龙坡至朝天门段、朝天门至涪陵段航道整治工程，全市航道总里程达到4472公里，其中三级及以上高等级航道里程突破1100公里。大力提升长江干线航道最小维护水深，实现5000吨级船舶直达重庆，3000吨级船舶直达宜宾。新增货运船舶运力150万吨，全市货运船舶运力占长江上游地区总运力的85%，船型标准化率从77%提高到85%，重庆市货运船舶平均吨位、总运力、船型标准化率稳居全国内河前列。

2.长江物流组织体系运行顺畅

充分发挥长江运能大、成本低、能耗少等优势，形成以重庆至上海江运直达为主，水水中转、铁水联运2种联运方式为辅的"1+2"长江物流组织体系。2023年，三峡大坝通过货物量16865万吨，同比增长8.0%；江运干线重庆连接上海的"沪渝直达快线"开行1302艘次，同比增长8.9%；装载箱量35.5万TEU，同比增长9.5%。

3.港口设施建设力度持续加大

聚焦长江上游航运中心建设，积极推进主城果园、江津珞璜、涪陵龙头、万州新田4个铁公水联运的枢纽型港口，主城寸滩、永川朱沱、渝北洛碛、长寿胡家坪、丰都水天坪、忠县新生、奉节夔门、合川渭沱、武隆白马等9大专业化重点港口建设。建成投用中心城区果园港、涪江潼南航电枢纽，开工建设嘉陵江利泽、乌江白马、涪江双江等航电枢纽，全市港口货物年通过能力、年吞吐量均突破2亿吨。

4.川渝共建长江上游航运中心进展顺利

紧扣成渝地区双城经济圈作为全国交通四极之一的定位，两地联合印发《共建长江上游航运中心建设实施方案》，围绕"开放引领、区域协同、内提质效、外保安畅"目标要求，深入推进实施"6大任务、16项工程、48个项目"，总投资991亿元。为提升长江上游航运生态、促进区域城市协同发展，共同推进长江上游航运中心建设，召开了成渝地区嘉陵江流域与长江干线干支联动协同发展联席会议第一次会议，重庆市合川区、北碚区、万州区和四川省南充市、达州市、广元市、广安市等14座沿江城市同向发力，签署《成渝地区嘉陵江流域与长江干线干支联动协同发展战略合作框架协议》。涵盖港口利用、航道畅通、航运发展、安全环保、信息沟通、人文交流等内容。

（五）跨境公路物流体系加速构建

1.构建"3向11线19口岸"运输体系

充分发挥公路运输灵活性优势，持续加密跨境公路班车线路，形成经广西、云南等省区口岸出境，辐射整个中南半岛国家的跨境公路运输格局。通过6年营运，已形成了"3向11线19口岸"运输体系，分别为重庆—广西/云南—东南亚方向的东盟班车线路6条（东线、东复线、中线、西线、亚欧线以及新加坡线）、重庆—新疆—中亚方向的中亚班车线路3条（乌兹别克斯坦线、哈萨克斯坦线、吉尔吉斯斯坦线）、重庆—西藏—南亚方向的南亚班车线路2条（重庆—缅甸—印度、尼泊尔）；19个出入境口岸包括广西友谊关、东兴、云南磨憨、畹町、新疆阿拉山口、霍尔果斯、西藏樟木、吉隆等口岸。

2.国际物流功能快速提升

重庆成为全国唯一一个同时拥有GMS（大湄公河次区域）行车许可证和国际公路TIR（国际公路运输公约）车辆批准证明书两大国际道路运输体系牌照的城市。目前，跨境公路班车已实现对中南半岛跨境公路运输的全覆盖，构建起以跨境公路运输为主，公铁（与中欧班列衔接）与陆海（与钦州港衔接）为辅的多式联运国际物流体系。形成去程以核心原材料、家用消费品为主，返程以资源型消费品、纺织服饰为主的双向贸易物流态势。从2016年4月28日首次运营至2023年10月底，西部陆海新通道跨境公路班车共计发车共1.56万车次，总货值超97.34亿元，服务生产和外贸企业130余家，汇聚境内外合作伙伴100余家。

二、内陆国际物流枢纽建设

为提升共建"一带一路"、长江经济带发展和西部陆海新通道建设等国家战略的衔接和支撑作用，重庆坚持以习近平新时代中国特色社会主义思想为指导，全面贯彻落实党的二十大和重庆市第六次党代会、市委六届二次全会精神，以构建现代物流体系，打造国内大循环、国内国际双循环的战略枢纽为抓手，内陆国际物流枢纽建设取得新突破，获批国家综合货运枢纽补链强链城市。

（一）国家物流枢纽建设加快推进

国家物流枢纽是物流体系的核心基础设施，是辐射区域更广、集聚效应更强、服务功能更优、运行效率更高的综合性物流枢纽，在全国物流网络中发挥着关键节点、重要平台和骨干枢纽的作用。重庆已成为全国唯一兼有陆港型、空港型、港口型、生产服务型、商贸服务型五种类型国家物流枢纽的承载省区市。

1. 港口型国家物流枢纽

重庆果园港是我国西部首个获批的港口型国家物流枢纽。依托优越的航道条件和独特区域优势，2019年11月，国务院正式同意重庆港口岸扩大开放果园港。2020年以来，果园港与新加坡港、德国杜伊斯堡港实现铁水联运，长江黄金水道、西部陆海新通道、中欧班列也在果园港内实现无缝贯通，中新（重庆）多式联运示范基地开始运营。果园港已经具备了综保区、自贸区、中新多式联运示范区和四向国际大通道等内陆开放的全要素，从一个内河港口逐渐成长为世界中转站。

2. 陆港型国家物流枢纽

重庆陆港型国家物流枢纽，位于中欧班列、西部陆海新通道源发地和起始站，全国首批示范物流园区——重庆国际物流枢纽园区。重庆国际物流枢纽园区聚焦高端装备制造、医疗器械、电子信息、现代物流、跨境电商等重点领域招商引资，被评为全国首批国家物流枢纽标杆运营企业，运营质量全国领先，目前正在加快打造国际物流城"升级版"，园区累计在册企业超过5000家。

3.空港型国家物流枢纽

重庆空港型国家物流枢纽是西部地区首个同时具备"空铁公水"多式联运条件的空港型国家物流枢纽，是重庆自贸区、中新互联互通项目航空产业园的承载地。聚焦国际航空物流枢纽、中新"双枢纽"航空物流运营中心、临空经济创新发展示范区、国家战略安全保障基地四大发展定位，努力建成西部领先、国际知名的空港型国家物流枢纽。将主要承担四大基本功能：中心场站+干线运输枢纽功能、分拨配送枢纽功能、多式联运枢纽功能、国际物流服务功能和四大延伸功能：综合性自由贸易服务功能、物流供应链金融服务功能、空港数据中心服务功能、应急保障服务功能。

4.生产服务型国家物流枢纽

重庆生产服务型国家物流枢纽由万州新田物流产业园和长寿沿江现代物流园共同承载，围绕西南地区国际制造业供应链运营中心的总体定位，积极推进制造业供应链集成服务、水路干线运输、铁水公水多式联运、区域分拨及仓储配送、国际物流服务等5大基本功能，以及大宗商品交易及期货交割、内循环航运服务等6大延伸功能。同时，将主要设置集装箱作业区、大宗商品物流区、国际保税物流区、铁路多式联运区、仓储配送区、化工品物流区等功能区。目前，该枢纽已建设项目19个，总投资66.56亿元。

5.商贸服务新国际物流枢纽

重庆商贸服务型国家物流枢纽位于巴南区重庆公路物流基地核心区，总面积7614亩，已建成仓储及交易市场面积300万平方米，冷库库容66.3万立方米，是重庆市批发型交易市场存量规模最大、交易额最高的地区，区域辐射型商贸物流需求大，2022年完成物流作业量786万吨。重庆商贸服务型国家物流枢纽将全面推动西部地区商贸物流组织中心提档升级，促进重庆打造现代流通战略支点城市，提升重庆面向西南腹地、西部陆海新通道沿线、《区域全面经济伙伴关系协定》（RCEP）国家的商贸辐射能级，并为重庆市经济发展、扩大就业提供新动能。

（二）国际物流分拨网络进一步完善

1.推动内畅外联国际物流分拨通道网络建设

依托重庆"四向"国际物流通道，以"五型"国家物流枢纽和各类开放平台资源为核心要素，加快完善国际物流分拨通道建设。东向依托沿江港口资源整合和智慧长江物流工程建设，构建以江海联运为主、铁水联运为支撑的沿江综合运输通道。南向依托西部陆海新通道各枢纽节点和境内外分拨体系建设，大力发展铁海联运，培育泛亚铁路联运、跨境公路运输，推动通道提质增效。西向围绕中欧班列（成渝）高质量发展，优化开行线路，扎实推进集结中心建设。北向提升渝满俄国际铁路联运便利化水平，打造多元化陆上国际物流通道。空中扩大面向"一带一路"沿线国家和地区的航权开放，新开或加密国内外航线，构筑覆盖全球主要航空枢纽的货运网络。

2.完善分拨运营基地布局

为深度融入全球产业链供应链大循环，加快完善国际物流分拨体系，实现通道带物流、物流带经贸、经贸带产业目标，重庆在原有"1+3"分拨运营基地的基础上，进一步扩大规模和范围，提出打造"两主三辅多特色"分拨运营基地布局体系。

主分拨运营基地：依托国际物流枢纽园区、西永综保区、江津综保区等资源，支持沙坪坝区、重庆高新区、江津区共同打造陆港型物流枢纽分拨运营基地；依托果园港和内陆"无水港"等资源，支持两江新区打造港口型物流枢纽分拨运营基地。辅分拨运营基地：依托江北国际机场、两路寸滩综保区等资源，支持渝北区打造空港型物流枢纽分拨运营基地；依托重庆公路物流基地、秀山商贸物流园区和黔江铁路货运站等资源，支持巴南区、秀山县、黔江区共同打造商贸服务型物流枢纽分拨运营基地；依托万州综保区、涪陵综保区、长寿经开区及周边港口、场站等资源，支持万州区、涪陵区、长寿区共同打造生产服务型物流枢纽分拨运营基地。特色分拨运营基地：支持永川区、大足区、璧山区、荣昌区、丰都县、忠县等依托当地优势外贸产业、物流枢纽、开放平台等资源打造特色分拨运营基地。

3.开展重庆市内陆国际物流分拨中心试点示范

依托"五型"国家物流枢纽，西部陆海新通道、中欧班列、长江水道等国际物流通道，开放口岸、综合保税区、经开区等开放平台，重庆积极打造以国际物流集散分拨为重要功能，兼具仓储、配送、理货、交易和结算等功能于一体的高层次物流节点。鼓励支持企业开展机械及电子零件、汽车摩托车及零配件、大宗工业品、快消品、农副产品、药品及生物制品等类别商品进出口集散分拨业务。围绕国际集散分拨物流通道、商品品类、模式、信息化等方面加强示范试点，共同营造良好营商环境，助力重庆内陆国际物流枢纽和口岸高地、国际消费中心城市建设。积极开展重庆市内陆国际物流分拨中心暨"一带一路"进出口商品集散中心示范基地、示范项目评定工作。共有重庆国际物流枢纽园区、西永综合保税区、两路果园港综合保税区、重庆公路物流基地、长寿经济技术开发区等

5个物流园区（综保区、经开区），保时捷整车保税分拨项目、和平物流进口药品分拨项目、德善新能源汽车零配件集散项目等8个项目入选第一批重庆市内陆国际物流分拨中心暨"一带一路"进出口商品集散中心示范基地、示范项目。

（三）多式联运

重庆是西部地区唯一具有规模化"铁、公、水、空"多式联运资源条件的国家中心城市。

1.多式联运集疏运体系建设快速推进

多式联运物流体系不断完善，已形成铁海联运、铁铁联运、江海联运、公铁联运、公水联运、空铁联运等多种运输模式。果园港是长江上游最大的集装箱枢纽中心和大件散货集散中心，是国内最大的内河水、铁、公联运枢纽港；重庆国际物流枢纽园区是中欧班列（成渝）、西部陆海新通道的重要始发点和到达站，拥有团结村铁路集装箱中心站和兴隆场特大型编制站两大国际级铁路设施，重庆江北国际机场，全国十大区域枢纽机场之一，是打造国际航空门户枢纽、建设成渝地区世界级机场群的重要支撑。重庆公路物流基地是西部陆海新通道跨境公路班车到发地、重庆市重点物流园区、重庆"1+3"国际物流分拨中心运营基地，已经成为重庆重点打造的四大货运枢纽之一。

2.多式联运示范工程创建积极推进

为加快多式联运发展，促进物流降本增效，推进内陆国际物流枢纽和口岸高地建设，重庆积极推进国家级、市级多式联运示范工程创建。支持国家级多式联运示范工程创建，渝新欧多式联运示范工程、国际陆海贸易新通道集装箱多式联运示范工程、重庆果园港服务长江经济带战略铁水联运示范工程以及重庆珞璜与万州港"双港联动、铁水一单、干支衔接、集散转换"多式联运示范工程等先后纳入国家级多式联运示范工程创建名单。开展市级多式联运示范工程创建，重庆市在2021年和2022年分两批次共确定17个项目为市级多式联运示范工程项目，围绕创新推广先进联运组织形式、推广应用标准化装备技术、完善多式联运标准规范、完善提升货运场站集疏运体系、推进多式联运信息互联互通、推广多式联运"一单制"等重点任务，加快示范工程建设。

（四）大力培育物流市场主体

1. 积极引进全球50强物流企业

创新招商引资模式，瞄准全球50强物流企业，强化通道招商、以商招商、供应链招商、平台招商，吸引具有全程物流组织能力的网络型物流企业、细分市场专业化物流企业和代表未来技术方向的智慧型物流企业进驻重庆。全球50强物流企业中，有10家在渝设立子公司、30余家在渝开展业务。依托中新（重庆）战略性互联互通示范项目和中国（重庆）自由贸易试验区的政策优势，吸引国际国内优质多式联运、电商物流、快递快运等企业来渝设立西南地区总部，推动中国物流集团、京东物流与市政府战略合作，打造国内外品牌物流企业聚集的总部基地，境外物流市场资源配置能力稳步提升。

2. 加大本地龙头物流企业培育力度

深化物流领域国有企业改革，以推动国有资本布局调整，盘活国有企业物流设施、港口、仓储、车辆车队等存量物流资产为抓手，大力提升国际物流竞争力和物流供应链安全保障能力。支持本土物流企业与跨国物流企业开展合资合作，拓展国际物流和供应链服务。本土物流企业发展质量快速提升，积极培育壮大本土5A级物流企业、全国百强物流企业队伍，截至2023年8月，重庆累计获批A级物流企业91家，5A级10家，4A级28家，3A级42家。航空货运基地建设提速，成立川航物流重庆公司，我市航空货运基地公司达到2家。

3.支持中小物流企业平稳健康发展

落实国家和全市支持中小企业发展政策，激发中小物流企业发展活力。鼓励金融机构为中小物流企业提供专项信贷额度、专属信贷产品及优惠利率贷款，降低资金成本。鼓励创新创业基地、"双创"孵化器运营单位为物流个体工商户减免物业租金，对物流企业实行优惠电价，降低用房用能成本。推动按单位参保企业职工养老、失业、工伤保险的物流个体工商户参照中小微企业政策享受一定额度减免，降低人工成本。进一步简化物流企业证照审批手续，对物流模式创新实施包容审慎监管，降低制度性成本。

4.推动形成各类物流主体协同发展格局

鼓励各类物流企业加强业务合作，形成龙头企业为核心、大中小企业共同参与的物流企业协同发展格局。支持平台运营、通道运营、枢纽运营、区域分拨、仓储配送一体化经营等物流企业，加强上下游协作，提供全过程物流服务。支持长江航运、远洋航运、铁路、公路、航空、管道运输、货运代理等物流企业，加强多式联运协作，开展"门到门"运输服务。支持物流与制造、商贸、农业生产、信息服务、金融等企业加强供应链协作，探索物流服务模式和业态创新。支持本地物流企业与国内外企业开展跨境、跨区域合作，提供网络化物流服务。

三、口岸体系建设

口岸是对外开放，尤其是对外贸易的"门户"。推进内陆开放高地建设，口岸开放是关键一步。近年来，重庆积极推动口岸开放从体系构建、多点布局和功能提升等方面深化口岸平台建设，取得明显成效。

（一）口岸开放空间与口岸功能不断完善

1. 口岸开放不断拓展

重庆口岸覆盖机场、铁路、水运、邮政等主要枢纽，保税区和重点港口码头均具备口岸功能。口岸集群布局初步形成，口岸服务"一带一路"和长江经济带建设的能力进一步增强，枢纽型口岸作用更加明显，全市开放口岸数量达到4个，其中重庆江北国际机场航空口岸、重庆港口岸、重庆万州机场为正式开放，重庆铁路口岸为临时开放。果园港获批建设港口型国家物流枢纽，为长江上游航运中心建设奠定了坚实基础。重庆铁路口岸所在园区获批陆港型国家物流枢纽，建成国内首个铁路口岸国际邮件处理中心，为推动中欧班列（成渝）高质量发展、西部陆海新通道上升为国家战略提供了重要支撑。

2. 口岸功能不断完善

重庆在全国自贸试验区中率先获批设立首次进口药品和生物制品口岸。口岸功能不断完善，集聚辐射作用进一步增强，涵盖进口汽车整车、肉类、水果、冰鲜水产品、食用水生动物、粮食、活牛、药品、金伯利进程制度指定实施口岸（毛坯钻石）等，口岸功能达到10类。重庆江北国际机场航空口岸获批设立进境肉类、冰鲜水产品、水果、食用水生动物、植物种苗综合性指定监管场地，果园港口岸获批设立进境肉类、粮食、水果综合性指定监管场地，重庆铁路口岸获批设立进境肉类指定监管场地。果园港获批外贸集装箱启运港退税政策；重庆江北国际机场具备6项特殊功能，即口岸落地签证签注、5年期台胞证换发、过境72小时免签证、保税航油、离境退税、进出境免税商店。

（二）持续优化口岸营商环境

1. 口岸管理体制更加健全

理顺相关部门职能职责，推动口岸和物流协同发展，开创性设立重庆市人民政府口岸和物流办公室，为在省级层面探索口岸物流融合发展提供了示范。同时，依托重庆市作为直辖市的扁平化管理架构，各区县进一步加强对口岸物流工作的领导，万州、涪陵、沙坪坝、黔江、丰都等区县设置了口岸物流管理或服务机构。

2. 口岸"放管服"改革不断深化

深化口岸"放管服"改革，大力"减单证、优流程、提时效、降成本"。积极推广应用"提前申报"模式，持续推进"两步申报""两段准入"改革试点。"7×24小时"通关保障服务实现重庆所有口岸和监管场所全覆盖。

3. 探索开展"组合港""一港通"等区域通关便利化改革

在全国首次推行水运进口转关"离港确认"试点，离港确认模式实现转关、转港并联作业，将水运转关手续办理时间由1~2天缩短至2小时以内，压缩90%以上；开行"沪渝直达快线"，将长江水运通关和物流整体运行时间控制在上水12天、下水10天左右（特殊情况除外），物流整体时效提升40%以上；长江航务管理局、三峡通航管理局支持优化过闸模式，实现"沪渝直达快线"定时安检、定时过闸、当日安检、当日过闸；在重庆口岸环节试点进口货物"船边直提"和出口货物"抵港直装"，可节约重庆港口作业时间12小时左右。

4. 跨境贸易便利化改革持续推进

推动与东亚地区主要贸易伙伴口岸间相关单证联网核查，重庆"单一窗口"与新加坡港（PSA）实现互联互通，共享集装箱进出新加坡港和国际海运船舶动态等8项关键数据，首次将国际供应链信息动态从国内段延伸到国际段。优化进出口货物查询服务，首创服务贸易真实性验核功能，提高贸易企业结算效率50%以上。实行进出口联合登临检查，推动进出口企业、货代、港口、监管部门等国际贸易各业务主体高效联动，实现企业足不出户进行查验预约、调箱申请等操作，并实时掌握动态，目前已实现水运口岸、铁路口岸在线预约查验100%全覆盖。

（三）大幅提升口岸智能化水平

搭建全市电子口岸统一数据交换、统一应用接口等基础平台，建成中国（重庆）国际贸易"单一窗口"、重庆跨境贸易电子商务公共服务平台等20多个应用系统，构建起我市外贸进出口领域的信息化基础设施。

1. 探索完善国际贸易"单一窗口"功能

重庆国际贸易"单一窗口"建设了50项功能，实现了申报直通、系统联通、信息互通、业务畅通"四通"目标，形成了一次提交、一口申报、一次查验、一次放行、一键跟踪、一网服务等"六个一"特色服务，取得了全国第一票货物申报、第一票原产地证、第一笔在线收付汇、第一票空运运输工具申报、第一个单一窗口国际合作项目、第一笔服务贸易结算业务、第一个单一窗口跨区域合作项目等"七个全国第一"，累计申报量超过5500万票，主要申报业务应用率达100%，报关单量位居中西部第一。

2.有效推动跨境电商发展

重庆跨境贸易电子商务公共服务平台已实现跨境电商零售进口网购保税、海外直购、跨境电商零售出口、出口至境外企业、出口至海外仓等5种业务模式全覆盖。重庆跨境电商企业超过2500家，培育认定了5个市级跨境电商示范区，已经成为中西部地区跨境电商最活跃的城市之一。2023年上半年，实现跨境电商交易额186亿元，其中跨境电商零售额31亿元，同比增长10.7%。

第四章

开放平台体系建设

2016年1月，习近平总书记来到重庆调研，要求重庆完善各个开放平台，建设内陆国际物流枢纽和口岸高地，建设内陆开放高地。重庆深入落实习近平总书记的指示要求，加快建设各类开放平台，逐步形成"战略平台+园区平台+功能平台"的开放平台体系，成为内陆开发开放主战场，在内陆开放高地建设中发挥着核心载体作用。

一、战略平台

战略平台是承载国家战略的具体载体，也是我市内陆开放的制高点，具有先行先试优势和更大改革自主权，为重庆建设内陆开放高地带来巨大红利，充实了内陆开放的内容，提升了重庆内陆开放的集聚辐射功能。

（一）中新（重庆）战略性互联互通示范项目

中新（重庆）战略性互联互通示范项目（简称"中新互联互通项目"）是习近平总书记亲自谋划、亲自部署、亲自推动的中新两国第三个政府间合作项目，是党中央从全国发展大局出发做出的重大决策，也是重庆全面提高对外开放水平的历史机遇和独特优势。中新互联互通项目以重庆为项目运营中心，辐射带动整个西部地区，围绕"现代互联互通"和"现代服务经济"两大主题，契合"一带一路"倡议、西部大开发和长江经济带发展战略，以金融服务、航空产业、交通物流、信息通信四个领域为重点开展先期合作，逐步向其他领域拓展。

表1　主要合作领域

金融领域	旨在推动建立中新跨境投融资渠道，有效降低西部企业融资成本；促进中新双方多门类、多层次金融机构加快集聚，助力重庆内陆国际金融中心建设；加强中新双方金融全方位合作创新，推动中新金融市场互联互通，提升西部金融开放水平。
航空领域	致力于通过引入新加坡在航空领域先进的管理经验、技术及资源，助推建设重庆国际航空枢纽，构建起覆盖国内、辐射亚洲、通达全球的国际航线网络，形成以航空物流为基础、航空产业为支撑的高端航空产业体系。
交通物流	致力于降低西部地区物流成本，提升物流信息化、智能化水平，打造联通中国西部和东南亚地区的国际陆海贸易新通道，促进沿线地区的贸易提升和产业发展。
信息通信	旨在促进中新之间在大数据、智能化等方面的技术交流和商业合作，推动以中新（重庆）国际互联网数据专用通道为载体的信息产业合作，促进重庆乃至中西部地区面向新加坡及东南亚地区的信息互联互通，为其他产业发展赋能。
其他领域	在聚焦四大重点领域合作的同时，致力于不断拓展教育科研、健康养老、文化旅游、专业服务等其他现代服务业领域的合作。持续提升双方的现代互联互通水平，促进西部地区经济高水平开放，高质量发展。

1.建立三级合作机制

中新两国政府建立了副总理级、部长级、地方政府三级合作机制，以保障中新互联互通项目顺利实施。联合协调理事会分别由中新双方一名副总理担任联合协调理事会主席，联合协调理事会在国家层面对项目实施中的重大事项和政策创新进行决策，是项目向中新两国政府争取政策支持的主要途径。联合工作委员会分别由中方商务部牵头，新方贸工部牵头，由中国商务部部长、新加坡指定部长担任联合主席，重庆市人民政府派代表参加，同时商务部牵头建立了由21个部委组成的国内部际协调机制，为项目向上争取国家支持提供了绿色通道。联合实施委员会由重庆市人民政府和新方贸工部共同牵头，重庆市人民政府市长和新加坡指定部长担任联合主席，负责具体推进政策创新和项目落地。

2."一带一路"合作的典范、国际合作的新名片

自2015年11月中新（重庆）战略性互联互通示范项目（下称中新互联互通项目）正式启动以来，中新互联互通项目不断发挥开放平台作用，为重庆和新加坡架起了沟通的桥梁，成为中新深化双边关系的重要"纽带"，成为"一带一路"的标志性项目，累计签约政府和商业合作项目295个、总金额256.5亿美元，金融服务项目260个、金额308.6亿美元。

（二）中国（重庆）自由贸易试验区

建设自由贸易试验区是党中央、国务院在新时代推进改革开放的一项战略举措，肩负着为全面深化改革和扩大开放探索新途径、积累新经验的重要使命。作为打造内陆开放高地的重要样本，重庆自贸试验区大胆闯大胆试，在扩大对外开放、减少制度性成本、促进要素自由流动等方面持续发力，营商环境进一步优化，市场主体活力不断增强。

1.制度创新成效显著

自2017年挂牌运行以来，重庆自贸试验区立足"一带一路"和长江经济带互联互通重要枢纽、西部大开发战略重要支点的战略定位，培育重点制度创新成果147项，其中7项在全国复制推广，89项在全市复制推广。

2.差异化探索取得突破

积极探索陆上贸易规则，创新铁路提单的融资和结算模式，推

动跨境铁路实现了海运一样的信用证结算，开创国际贸易历史先河。川渝自由贸易试验区协同开放示范区建设顺利，多层次多维度合作坚实有力。

3.产业集聚效应日益凸显

开放型经济加快发展，全方位全领域的开放新格局正在形成，累计注册企业超18万户，成功引进星光国际精准医疗创新中心、吉利工业互联网全球总部等百亿级项目，集聚全市超1/4的进出口企业、吸引了全市40%的实际使用外资，贡献了全市70%的进出口贸易总额，其中，高技术制造业利润比重超85%。

4.营商环境不断优化

商事制度改革扎实推进，事中事后监管不断强化，打造了大数据综合监管平台，构建了以信用为基础的新型市场监管机制，建立了"双随机"跨部门联合抽查机制，政策项目"双清单"机制持续优化，公共服务水平全面提升。

（三）两江新区

两江新区是我国第三个、内陆第一个国家级开发开放新区。目前正加快打造内陆开放门户、建设重庆智慧之城，努力成为高质量发展引领区、高品质生活示范区、高效能治理样板区，经济总量连续多年在全国19个国家级新区中排第4位。

1.现代产业体系加快构建

已形成汽车和电子信息两个2000亿级支柱产业，智能装备、生命健康、先进材料、新型储能、软件和信息服务业等新兴产业不断培育壮大，金融、物流、会展、商贸文旅等服务业加快提质增效。其中，汽车产业正加快打造智能网联新能源汽车产业集群，电子信息产业聚焦"新型显示+集成电路+智能终端"三大方向，已初步形成以京东方为龙头的千亿级新型显示产业集群，以紫光展锐、奥特斯、万国半导体、超硅半导体等为核心的集成电路产业集群。并提出构建"33511"现代制造业产业集群，力争到2027年成为国家重要先进制造业中心核心承载区。

2.开放型经济高质量发展

加快建设重庆自贸试验区和中新互联互通项目核心区，打造果园港、两路寸滩综合保税区、悦来国际会展城、江北嘴国际金融中心等开放平台，已集聚41家涉外机构，建成中德、中瑞、中意等多个国际合作产业园，引进世界500强企业166家。

3.创新动能持续增强

深化国家自主创新示范区核心区和全国首批双创示范基地建设，发挥国家海外人才离岸创新创业基地等招才引智平台作用，已形成两江协同创新区、礼嘉智慧公园、两江数字经济产业园等科技创新平台，是重庆创新资源聚集度最高的区域，正加快建设具有全国影响力的科技创新中心核心承载区。截至目前，两江新区直管区高新技术企业数量达到788家，科技型企业数量达4638家，数字经济企业近万家。

（四）西部（重庆）科学城

西部（重庆）科学城是重庆市委、市政府深入贯彻党中央决策部署，以重庆高新区为战略平台，举全市之力、集全市之智，高标准高起点规划建设的国家战略平台[①]。西部（重庆）科学城拥有国家自主创新示范区、自贸试验区、西永综保区等多块"金字招牌"，中欧班列（重庆）和西部陆海新通道等多个开放通道，汇集陆军军医大学、重庆大学等28所高校，西永微电园、国家质检基地等20余个产业载体，山区桥梁与隧道工程等7家国家重点实验室，布局超瞬态实验装置、金凤实验室、中国科学院重庆科学中心、北京大学重庆大数据研究院等一批大装置、大平台、大院所，是创新创业创造的"沃土"。

当前，西部（重庆）科学城正以"科学之城、创新高地"为发展定位，紧扣"五个科学""五个科技"，聚焦科学主题"铸魂"、面向未来发展"筑城"、联动全域创新"赋能"，着力打造"科学家的家、创业者的城"，加快建设具有全国影响力的科技创新中心，努力成为重庆推动共建成渝地区双城经济圈建设的"新平台"、高质量发展的"新引擎"、内陆开放高地建设的"新支撑"、现代化城市的"新样板"，为重庆发挥"三个作用"贡献高新力量、展现高新作为。

二、园区平台

园区平台[②]是我市集聚产业和科技创新的重要平台，也是实施对外开放政策和推动区域经济发展的重要引擎，演绎着我市内陆开

[①]2020年1月，习近平总书记在中央财经委员会第六次会议上对成渝地区推进科技创新提出明确要求，指出支持两地以"一城多园"模式合作共建西部科学城。《成渝地区双城经济圈建设规划纲要》明确提出高标准建设西部（重庆）科学城。

[②]重庆高新技术产业开发区由于属于西部（重庆科学城）核心区，未列入。

放的逻辑主线，展示内陆开放发展绩效。

（一）国家级经济技术开发区

1.重庆经济技术开发区

重庆经开区是西部地区最早设立的国家级经开区，承担起了带动重庆主城东南片区经济发展的重要战略任务。重庆经开区资源要素一应俱全，自贸试验区、中新互联互通项目等开放平台政策优势叠加，国家级产业基地支撑强劲，政策红利加速释放，开放环境不断优化。重庆经开区按照绿色智慧谷，品质生活城的发展定位，努力将其打造为绿色发展示范区、内陆开放先行区、智能经济创新区、"三生三宜"品质城。重庆经开区作为我市国家级重点开放平台，充分发挥经开区开放门户功能，以西部陆海新通道和重庆东站为纽带，以中国智谷（重庆）科技园、自贸试验区、中新（重庆）战略性互联互通示范项目、中央商务区为平台，坚持开放口岸、通道、平台一体化建设，畅通内外联系，全方位扩大开放，与"一带一路"、长江经济带、西部大开发等区域合作互动，深化全球合作和国际交流，打造内陆地区全方位、多层次开放合作的先行区。

2.万州经济技术开发区

万州经开区是2010年经国务院批准设立的国家级经济技术开发区，系渝东北唯一的国家级开发区，拥有综合保税区、绿色智造赋能中心、表面处理中心等产业发展平台，科创中心、众创空间等创新孵化平台。现有入园企业620余家，其中规上工业企业114家，高新技术企业58家，科技型企业150家，国家级专精特新"小巨人"企业4家，市级"专精特新"企业28家，国家级企业技术中心1个，市级企业技术中心17个。万州经开区作为全区工业发展的主战场、主阵地、主力军，紧紧围绕构建"5+10"现代化工业体系，着力培育先进材料、食品加工、装备制造、医药化工、新型能源五个重点产业，延伸铝及铝合金材料产业链、绿色建材产业链、铜及铜合金材料产业链、粮油加工产业链、特色食品产业链、汽车及零部件产业链、船舶及船舶配套产业链、照明电气产业链、医药产业链、盐气化工产业链十个特色产业链条，积极构建产业集群，打造川渝地区重要的现代制造业基地。

3.长寿经济技术开发区

长寿经开区是2010年经国务院批准设立的国家级经济技术开发区，市场主体2万余家，其中：世界500强企业27家、跨国公司64家、上市公司63家、高新技术企业141家。在市委、市政府的坚强领导下，2023年长寿经开区各项主要经济指标逆势增长，"四上企业"营收实现1640亿元，规上工业总产值1344亿元，增长10%；外贸进出口100亿元以上；固定资产投资195亿元，增长17%；FDI1582万美元，增长62%，协议引资414亿元，百亿级项目2个。商务部国家级经开区综合发展水平考核列第36位，居西部第三，重庆第一。目前，长寿经开区正以实现"两地一城"总体愿景为引领，以聚力实施"3113"项目攻坚行动计划为抓手，打造世界一流园区，建设具有全球影响力的新材料高地，打造"全球天然气化工新材料领先者、国际知名的硅基新材料供应商、世界级新能源材料及装备集成示范地"。

（二）高新技术产业开发区

1.璧山高新技术产业开发区

璧山高新区是2015年9月经国务院批准设立的国家级高新区，

是全市第二个国家级高新区。近年来，璧山高新区大力推动智能装备、新能源汽车、新一代信息技术、大健康四大产业集群发展，构建现代产业体系，打造"科技璧山，创新璧山"，建设高质量发展样板区。璧山高新区成功纳入西部（重庆）科学城建设范围和重庆国家自主创新示范区核心建设区范围，先后获得"国家新型工业化示范基地""国家低碳工业园区""'互联网+'协同制造示范区""创新型产业集群（试点）"等国字号名片，成为全国第一批智能化工业园区之一，纳入国家科技部科技服务业区域试点单位。

2.永川高新技术产业开发区

永川高新技术产业开发区是国务院2018年2月批准设立的国家级高新区。按照"一核两翼五园"布局，核心区由凤凰湖产业园、大数据产业园、西部职教基地组成，两翼包括南翼港桥产业园，北翼三教产业园。近年来，永川高新区发展壮大汽车摩托车、电子信息、智能装备、智能家居及材料、特色消费品5大支柱产业，创新培育生物医药及大健康、新能源、民用航空3大新兴产业，着力构建"5+3"产业体系，厚植"产城职创"融合发展生态。截至2022年底，园区入驻企业1106家，其中科技型企业730家，国家高新技术企业189家，市级以上专精特新企业75家，国家级科研及孵化机构10家，市级科研及孵化机构119家。

3.荣昌高新技术产业开发区

荣昌高新技术产业开发区是国务院2018年2月批准设立的国家级高新区。荣昌高新区立足荣昌产业基础和资源优势，着力构建"2335"先进制造业集群体系，即智能网联新能源汽车零部件及智能制造、食品及农产品加工2个500亿级主导产业；生物医药、电子信息、新材料及新能源企业3个100亿级支柱产业；陶瓷、服饰、兽药3个50亿级特色优势产业；生命科学，未来能源、智能家居、传感器及仪器仪表、农机装备5个战略性"新星"产业。

三、功能平台

功能平台主要指综合保税区和保税物流中心,是由海关监管的区域或特殊场所,是内陆开放的重要载体,在参与国际分工、承接产业转移、服务自由贸易试验区战略和构建国内国际"双循环"新发展格局等方面作出了突出贡献。

(一)综合保税区

综合保税区是设立在内陆地区的具有保税港区功能的海关特殊监管区域,执行保税港区的税收和外汇政策,集保税区、出口加工区、保税物流区、港口的功能于一身,可以发展国际中转、配送、采购、转口贸易和出口加工等业务。综合保税区是对外开放的重要平台,是目前我国政策叠加度最高、功能集成化最大的海关特殊监管区域,对发展对外贸易、吸引外商投资、促进产业转型升级发挥着重要作用,目前,我市已设立6个综合保税区。

1.重庆两路果园港综合保税区

重庆两路果园港综合保税区(原重庆两路寸滩保税港区)是内陆地区唯一具有"一区双核"(水港+空港)的综合保税区,是全国进行贸易多元化试点的两个(苏州和重庆)海关特殊监管区之一,也是承接中新示范项目合作的主要承载地、重庆自贸试验区的核心区域和对外开放的重要窗口。重庆两路果园港综合保税区聚力发展保税+智能制造、保税+新兴服务业和保税+现代物流。已建成千亿级的智能终端产业集群。先后引入旭硕、纬创、仁宝、翊宝等4家智能制造重点企业，引入台式机、一体机、智能穿戴、智能平板、智能电子笔等新型产品，非笔电类产品产量占比提升至60%，率先在全市开展全球维修业务。以"保税+"为依托，推动新兴服务业创新发展，在全国第一个围网范围内开展保税商品展示交易，其创新模式在全国自贸区复制推广；率先在全国第三批自贸试验区中开展保税飞机租赁；全市率先实现进口整车保税仓储业务；跨境电商"前店后仓+快速配送""跨境出口""跨境电商B2B出口""退货中心仓"等业务探索具有西部示范作用；在全市率先实施保税维修业务、航空发动机检测和零部件维修。在全国海关特殊监管区率先实施保税物流与非保税物流一体化监管和运行，是西部地区最大的现代物流基地。

2.重庆西永综合保税区

西永综合保税区是我国内陆地区第一个综合保税区，也是全国规划面积最大的综合保税区。2010年11月，西永综合保税区封关运行。2017年4月，西永综保区被整体纳入重庆自贸试验区范围。西永综保区具有通关作业、保税加工、保税物流、服务贸易四大主要功能，可开展存储进出口货物和其他未办结海关手续的货物、国际转口贸易、国际采购、分销和配送、国际中转、检测和售后服务维修、商品展示、研发、加工、制造等业务，成为重庆打造对外开放高地的重要平台。西永综保区已建成全球最大的笔记本电脑生产基地，形成了打印机、服务器、智能手机、可穿戴设备等智能终端产品及关键零部件集群发展的格局，构建起从芯片设计、制造、封装至测试的集成电路全产业链，同时，跨境电商、保税文化贸易、保税融资租赁等新型贸易业态快速发展。

3. 重庆江津综合保税区

重庆江津综合保税区于2017年1月17日经国务院批准设立，7月5日正式封关运行。重点发展保税加工、保税物流和保税服务；围网外配套区重点发展智能装备、医疗器械、消费电子、现代物流等产业，以实现网内网外联动发展。江津综保区是重庆推动开放型经济发展的重要平台，也是江津建设产城融合发展示范区的重点区域。随着"水公铁"立体交通网的加快完善，其区位优势更加明显。向西通过中欧班列（重庆）国际大通道连接中亚及欧洲地区；向东沿长江黄金水道出海，实现江海联运；向南通过西部陆海新通道，辐射东南亚各国。

4. 重庆涪陵综合保税区

重庆涪陵综合保税区于2018年10月经国务院获批，2019年12月27日正式封关运营，2023年11月实现全域验收。目前，初步形成以聚豪、涪源为主的食品粮油加工和以桑普、港盛、帅泓、德天为主的电子信息加工，以易力嘉、道景、天狗为主的保税物流，以潘多拉、粟米为主的跨境电商，以大账房等为主的总部结算五大产业。截至2023年10月，涪陵综保区累计签约引进项目79个，协议总投资265.3亿元，协议总产值1235.3亿元，协议进出口额110.39亿美元，协议税收52亿元。

5. 重庆万州综合保税区

重庆万州综合保税区于2021年1月经国务院批准设立，是重庆第5个综合保税区，也是渝东北地区唯一的综合保税区，2022年6月正式封关运行。万州综合保税区按照立足万州、服务川渝东北的定位，集聚国际国内两种资源，联结国际国内两个市场，努力打造外商落户川渝东北的首选地、货物进出口的集聚地、改革开放政策的探索地，建成产业特色鲜明、功能配套完善、营商环境优良、国际消费繁荣的开放平台，在川渝东北带头开放、带动开放。

6. 重庆永川综合保税区

重庆永川综合保税区于2021年7月经国务院批准设立，2022年7月6日通过预验收。重庆永川综合保税区立足永川独特的区位优势、扎实的产业基础，以建设"五大平台"（智能制造、物流运输、改革创新、配套服务、展示交易）为目标，规划布局"一核、两翼"。围绕汽车零部件、高端数控机床、医疗器械、跨境电商主导产业，通过3年建设运营，将永川综保区打造成位居全市前列、辐射渝西川南的对外开放平台。

（二）保税物流中心

保税物流中心是海关总署等部委打破保税仓库、出口监管仓库功能单一、功能隔离的局面，探索建立叠加出口退税政策，使内陆地区具有沿海开放口岸优势，创造性地满足内陆发展国际物流的需求的开放平台。根据成立条件、审批单位、经营企业要求、是否享受出口退税政策、海关驻点监管、围网和卡口管理等规定，保税物流中心分为A型和B型两类，目前有保税物流中心（A型）1个和保税物流中心（B型）3个。

1. 重庆万州保税物流中心（A型）

重庆万州保税物流中心（A型）于2014年12月22日经海关总署批准设立，2015年12月通过验收并封关运行，主要开展进出口商品保税仓储、简单加工增值服务等业务。重庆万州保税物流中心（A型）与库区最大集装箱港口形成前港后园的便利条件，具有水、公、铁、空等多式联运条件。主要服务渝东北外向型进出口企业，辐射川东、陕南、鄂西等地区，是万州区重点打造的对外开放服务平台，享受重庆市级对外开放平台政策。对加快三峡库区现代物流体系建设、促进外向型经济发展，提升万州区的对外开放水平、加快建成三峡库区对外开放高地具有重要意义。

2. 重庆果园保税物流中心（B型）

重庆果园保税物流中心（B型）（以下简称"果园B保"）位于果园港国家物流枢纽核心区，具备保税仓储、国际物流配送、进出口贸易和转口贸易、简单加工和增值服务等功能，是枢纽区重要的保税功能设施。主要依托果园港国家物流枢纽水、铁、公、空多式联运优势和辐射优势，结合两江新区产业资源优势，在汽车、电子信息、装备制造、生物医药等方面提供保税物流，同时发展跨境电商、保税冷库、保税期货交割等业务。

3. 重庆铁路保税物流中心（B型）

重庆铁路保税物流中心（B型）于2014年10月获批，次年通过国家四部委验收投运，是重庆铁路口岸及多条跨境通道的保税配套，主要开展进口保税、出口退税、转口贸易、国际采购分拨业务，并提供分箱、换装等增值服务。重庆铁路保税物流中心建有1.5万平方米的跨境电商智能公共监管仓，在全国率先实现分拣查验一体化，在全市率先建立跨境商品的溯源系统。目前主要引入跨境电商平台及中小商家开展业务。同时依托3.7万平方米保税冻库，落地西部智慧冷链基地，引入多家冷链企业开展保税冷链业务；此外，还建设有印度辣椒、白俄罗斯工业奶粉、俄罗斯食用油等大宗进口商品分拨中心，越来越多的物资在此集散分拨。

4. 重庆南彭公路保税物流中心（B型）

重庆南彭公路保税物流中心（B型）（以下简称"南彭B保"）

于2015年11月获批，2017年4月26日封关运行。依托巴南区重庆公路物流基地，可开展保税仓储、国际物流配送、简单分装、进出口贸易、转口贸易、出口退税、跨境电子商务等业务。目前南彭B保已引进弘创优联、斯诺公司、智合信等42家企业入驻并与西部陆海新通道跨境公路班车联动发展，服务南向开放战略，助推重庆内陆开放高地建设。

第五章

开放型经济体系建设

开放型经济是高水平对外开放、内陆开放高地建设的重要组成部分，是经济发展的重要推动力量，是畅通国内国际双循环的关键枢纽。习近平总书记指出："开放带来进步，封闭必然落后""中国开放的大门不会关上""中国将在更大范围、更宽领域、更深层次上提高开放型经济水平"。近年来，重庆深入贯彻习近平总书记重要指示批示精神，抢抓全球产业链重塑机遇，着力提升产业开放水平，加快布局建设面向未来的战略性主导产业，推动形成了具有国际竞争力和影响力的开放型经济体系，提升重庆开放型经济规模、质量和效益。

一、开放型产业体系

党的二十大报告提出，没有坚实的物质技术基础，就不可能全面建成社会主义现代化强国。近年来，我市现代产业体系逐渐完善，国际竞争力不断增强，有力支撑了内陆开放高地建设。

（一）农业

重庆以实施乡村振兴战略为总抓手，聚焦推动农业农村高质量发展，突出推动夯实粮食安全根基、强化产业发展链条、增强农业生产能力、释放农村改革动力，农业基本盘日益稳固。2022年，全市农林牧渔业总产值3068.4亿元，按可比价计算增长4.2%。其中，农业产值1881.8亿元，增长4.3%；林业产值176.4亿元，增长7.5%；畜牧业产值800.9亿元，增长2.6%；渔业产值137.0亿元，增长4.0%；农林牧渔辅助行业产值72.3亿元，增长7.6%。

1.农业生产稳步提升

粮食生产保持基本稳定。2022年，重庆市粮食播种面积3070.07万亩（2046.71千公顷），同比增长1.7%；粮食总产量1072.84万吨，同比下降1.8%。果蔬等经济作物量质提升。2022年，重庆蔬菜收获面积与产量分别为1218.04万亩（812.02千公顷）、2272.36万吨，同比增长2.6%、4.0%；水果产量593.28万吨、增长7.2%；茶叶产量5.30万吨，增长4.4%；中草药材产量63.29万吨，增长11.1%；香料产量9.3万吨，增长14.4%。畜牧生产继续保持增长态势。2022年，重庆市生猪出栏1904.4万头，同比增长5.4%；牛出栏59.6万头，同比增长4.2%，其中四季度牛奶产量0.8万吨，同比增长6.0%；家禽出栏24238.9万只，同比增长0.7%，其中四季度禽蛋产量15.2万吨，同比增长4.8%。

2.农业综合潜力不断释放

强农惠农政策落实到位。2022年，重庆市及时兑付耕地地力保护补贴和种粮大户补贴22.4亿元、实际种粮农民一次性补贴资金6.38亿元、中央农业生产救灾资金1.68亿元，持续提升农民种粮积极性。基础建设红利释放。2022年，重庆市新建成高标准农田198万亩，丘陵山区高标准农田改造提升示范工程已涉及36个涉农区县，改造提升面积达57.8万亩，项目区土地综合产能提升10%以上。撂荒地重获"新生"。2022年，重庆市落实撂荒耕地复耕复种资金1500万元，已复耕复种74.3万亩耕地，全部用于粮油生产。农业科技支撑逐步强化。2022年，重庆市大力支持种业创新，持续加大经作产业新品种的选育和推广，选育引进经作新品种112个，其中蔬菜优新品种20个、抗病蔬菜品种50个、柑橘突破性新品种30个、脆李新品种10个、耐寒茶树品种2个。粮油作物优质率超过51%，柑橘、山银花、青蒿等良种化率均超过90%，李、梨、桃等果树良种率均达75%以上。

3.农业与二三产业融合能力不断增强

农产品加工业蓬勃发展。2022年，重庆市累计培育年产值50亿元以上的农产品加工园区15个，规上农产品加工企业达1293家，实施农产品加工项目194个，全年规上农产品加工企业总产值3059.46亿元，同比增长1.2%。品牌强农工程实施成效显著。2022年，重庆市累计认证柑橘、脆李等"三品一标"706个，引领带动11个区县532家经营主体抱团创建"三峡柑橘"品牌，举办"三峡柑橘"国际交易会，引荐1550家营销业主进入一线城市。"巴味渝珍"区域公用品牌累计授权经营主体287家、授权产品705个，实现销售收入49.3亿元。

4.农业发展新业态不断呈现

休闲农业和乡村旅游发展欣欣向荣。2022年，重庆市新获批12个中国美丽休闲乡村，北碚区静观镇素心村纳入中国美丽休闲乡村巡礼专题宣传，合川区、潼南区、南岸区等纳入全国乡村休闲精品线路。酉阳县、巫山县获批全国休闲农业重点县，大足区创建全国休闲农业重点县工作在全国进行专题宣传。农村电商发展加速提质。支持培育吉之汇、夔娃子等销售规模较大的重点涉农电商180余个，发动70余家电商企业、服务商等与涉农区县、乡镇开展"热土梦想"超能团队等项目合作。并以"数字果园"为核心建成线上线下、农资、社会化服务等全产业链交易系统，试运行期间线上零售交易额超过10万元。

（二）制造业

重庆作为国家老工业基地之一，产业门类齐全，拥有全部31

个制造业大类行业，基本形成以汽车、电子、装备制造、消费品、材料、医药等为支撑的制造业体系。2022年，全市规模以上工业实现产值2.75万亿元，规模以上工业增加值增长3.2%；全口径工业增加值8276亿元，占GDP比重28.4%（制造业占比25.4%），对GDP增长贡献率达32%；战略性新兴制造业增加值增长6.2%，占规模以上工业增加值比重达31.1%，较上年提高2.2个百分点。

1.产业发展氛围持续优化

坚持把制造业作为重庆的立市之本、强市之基，先后出台《关于进一步推动制造业高质量发展 加快建设国家重要先进制造业中心的意见》《重庆市制造业高质量发展"十四五"规划》《支持制造业高质量发展若干政策措施》等政策文件，稳定企业预期。连续举办五届中国国际智能产业博览会，向全球展现制造业数字化转型成果，增强对高端要素的吸引力。召开全市推动制造业高质量发展大会、推动产业绿色发展会议，部署全市工业经济发展，统一思想、凝聚共识。

2.工业创新能力不断提高

重庆实施企业研发机构倍增计划，成功创建西南地区首个国家级制造业创新中心——硅基混合集成创新中心，累计建成国家级企业技术中心44家、工业设计中心10家。鼓励企业加大研发投入，12英寸电源管理芯片、硅基光电子成套工艺、微晶纳米盖板玻璃、尼龙66等领域在国内率先实现突破。搭建重庆高新技术产业研究院，探索"产业研究院+产业园区+产业基金"创新路径，成功孵化出化合物半导体、汽车动态无线充电等科技型企业。

3.智能化赋能效应凸显

全市累计推动实施5578个智能化改造项目，认定127个智能工厂和734个数字车间，示范项目建成后生产效率平均提升58.9%。持续健全工业互联网发展体系，获批国家工业互联网标识解析顶级节点（重庆），现接入10省市、38个二级节点、2万家企业，忽米网、广域铭岛成功创建国家跨行业、跨领域"双跨"平台。通过智能化赋能，全市规上工业企业全员劳动生产率提升至45.8万元/人。

4.绿色转型进程加快

出台《以实现碳达峰碳中和目标为引领深入推进制造业高质量绿色发展行动计划》，加快构建绿色制造体系。累计创建国家绿色工厂52家、绿色园区5个、绿色设计产品48种、绿色供应链5条。树立行业能效标杆，累计评选市级能效领跑者企业11家，国家级能效领跑者1家，入选国家节能装备1种，国家"能效之星"产品1种。开展"水效领跑者"遴选和节水型企业创建工作，累计创建"水效领跑者"17家、节水型企业168家。出台《重庆市推动工业资源综合利用水平提升实施方案》，推动工业资源综合利用水平全面提升。目前全市规上工业单位增加值能耗下降至0.681吨标准煤/万元，大宗工业固废利用率达79%。

（三）现代服务业

作为中西部地区唯一获批开展服务业扩大开放综合试点的省市，重庆经过探索实践，总体方案86项任务已实施75项，开展首创性差异化改革探索50余项，400余个现代服务业项目落地。2022年服务业总体呈现稳定恢复态势。全年全市第三产业增加值15423.12亿元，占全市GDP比重为53.0%，比上年增长1.9%，拉动全市GDP增长1.0个百分点。

1. 产业布局不断优化

主城都市区服务业增加值占全市比重超过80%，以金融保险、软件信息、研发设计、文化创意、高端商务等为特色的现代服务业快速集聚；渝东北三峡库区城镇群和渝东南武陵山区城镇群大健康、大旅游等现代服务业提速发展。全市建成金融服务、大健康服务等8大类33个服务业集聚区，已基本形成以解放碑—江北嘴—长嘉汇为主体的金融核心区，以大都市、大三峡、大武陵为主体的全域旅游空间布局，以6个综保区+4个保税物流中心为主的保税服务贸易空间布局等，呈现较好的服务业空间集聚态势。

2. 市场主体集聚和品牌创造持续增加

全市服务业法人单位47.8万个，占比由67.4%提升至74.3%，其中，批发零售、租赁商务服务、信息传输软件和信息技术服务法人单位分别占服务业比重39.9%、15.3%、5.8%，成为我市服务业法人单位主要集聚领域。企业实力明显增强，2021年入选中国服务业企业500强23家，总数量位列西部第一。旅游、文化、会展等品牌塑造加快，举办第七届中国西部旅游产业博览会，打造"舞动山城"文旅品牌，成功创建西部唯一的文化和旅游部重点实验室，成为全国首个播放量过百亿级的"抖音之城"，智博会、西洽会获评"中国最具影响力品牌展会"。

3. 新业态新模式加快培育

智慧商务大数据平台建设加快推进，全市网络零售额增长24.2%。开展跨境电商综合试验，积极推进跨境电商B2B出口监管、跨境电商零售进口"前店后仓+快速配送"监管等试点，全市跨境电商备案企业已超500家。打造阿里巴巴九龙坡、天下大足等10余个直播基地，发展甲汀、雾都等一批直播电商服务机构。建成投用重庆市医学影像云中心、重庆智慧文旅广电云平台一期等云服务平台。升级"渝快办""渝康码""渝快融""渝快政",推进社区治理、智慧交通、法律服务、智慧停车等典型应用场景。

4.平台载体建设进展迅速

推进服务业集聚区建设,印发《关于公布重庆市服务业集聚区名单的通知》,评定综合服务、金融服务、大健康、文化旅游、科技研发、专业服务、现代物流、信息服务等八大类33个现代服务业集聚区。印发《重庆市支持服务业集聚区加快建设若干政策措施》,出台管理、税收、用地、金融、人才等五个方面16条支持政策。重庆工业设计产业城(A区)改造完成并投入运营,海装风电、玛格家具等4家企业成功纳入国家级工业设计中心。打造全国首个省级网络直播招聘公共服务基地"重庆英才·职等您来"线上平台。

二、国际经贸与投资

近年来,重庆以习近平新时代中国特色社会主义思想为指导,全面落实习近平总书记对重庆重要指示要求,立足新发展阶段、贯彻新发展理念、融入新发展格局,以深化供给侧结构性改革为主线,更大力度推动高水平对外开放,加快培育参与国际贸易合作和竞争新优势,有效吸引和利用外资,推动全市外贸外资转型升级和高质量发展,取得系列成效。

（一）外贸进出口规模再创新高

党的十八大以来，重庆市外贸进出口水平不断提升，进出口总额由2014年的5863.22亿元，增长到2022年的8158.35亿元，增长39.14%。其中，出口额由2014年的3894.77亿元增长为2022年的5245.32亿元，进口额由2014年的1968.46亿元增长为2022年的2913.03亿元，分别增长34.68%、32.43%（见表2）。整体而言，在西部地区12个省市中，重庆外贸进出口值继续保持第2位，占同期西部地区外贸总值的21.1%。

表2　2014—2022年重庆市进出口额统计[①]

单位：亿元

年份	进出口总额	出口额	进口额
2014	5863.22	3894.77	1968.46
2015	4615.49	3417.02	2218.56
2016	4140.38	2677.96	1215.53
2017	4508.25	2883.71	1259.17
2018	5222.61	3395.28	1567.93
2019	5792.78	3712.92	1633.05
2020	6513.36	4187.48	1861.60
2021	8000.59	5168.33	2336.07
2022	8158.35	5245.32	2913.03

进一步分析可知，2022年重庆外贸进出口主要存在以下特点：

1.民营企业进出口对外贸增长贡献突出

重庆民营企业进出口3741.1亿元，增长7.1%，占同期重庆进出口总值45.9%，对重庆外贸增长贡献率达156%。同期，外商投

[①] 资料来源：重庆市统计年鉴。

资企业进出口3823亿元，与2021年基本持平，占46.9%。

2.与三大贸易伙伴进出口保持基本稳定

重庆对东盟、欧盟、美国进出口总额分别为1266.3亿、1247.6亿、1134.8亿元，其中对欧盟增长0.7%。同期，对"一带一路"沿线国家进出口总额为2214亿元，增长0.3%。

3.综保区仍是重庆外贸的主要支撑

重庆综保区进出口5358.2亿元，占同期重庆外贸总值的65.7%。其中，西永、两路果园港综合保税区分列全国综保区第4位、第9位。

4.电子信息仍是重庆外贸支柱产业

重庆电子信息产业进出口4951.2亿元，占同期重庆外贸进出口总值的60.7%。其中，在出口方面，主要商品为笔记本电脑，出口5545.3万台，价值1774.7亿元，量值在全国均保持首位；在进口方面，主要商品为集成电路，进口1222.9亿元，占同期我市进口总值的42%。

（二）利用外资稳步增长

重庆市高度重视招商引资工作，陆续出台实施重庆两路寸滩保税港区招商引资优惠政策《重庆市招商投资促进"十四五"规划（2021—2025年）》《重庆市进一步强化招商投资促进工作若干措施》等一系列政策，完善外商投资全流程服务体系，有效保护外商投资合法权益，推动全市招商引资工作快速发展。2021年，重庆市新签订项目（合同）数量为351个，比上年增长22.3%；合同外资金额46.90亿美元；实际利用外资106.65亿美元，增长3.8%。其中，外商直接投资（FDI）22.36亿美元，增长6.4%。2022年受疫情、高温、限电等超预期因素冲击，新签利用外资协议（合同）数为268个，合同外资金额19.95亿美元，仅为去年合同外资金额的42.53%。其中，实际使用外资金额18.57亿美元，与2021年的22.36亿美元相比，下降了20.41%。

1. 企业层面

2021年，外商独资经营企业引进外资规模最大，新签订的项目（合同）数量、合同外资金额及实际利用外资金额分别达到了185个、38.32亿美元、17.89亿美元；受超预期因素影响，2022年外商独资经营企业引进外资规模产生较大波动，新签订的项目（合同）数量、合同外资金额及实际利用外资金额分别为112个、13.43亿美元、15.04亿美元，波动率分别达-39.46%、-64.78%、-15.93%（见表3）。

2. 产业层面

2021年，重庆第三产业引进外资规模远高于第一产业和第二产业，第三产业的新签订的项目（合同）数量、合同外资金额及实际利用外资金额分别达到了307个、34.12亿美元、15.57亿美元，2022年第三产业引进外资规模虽有下降，但仍远高于第一产业和第二产业（见表3）。进一步细分行业来看，2021年批发和零售业新签订的项目（合同）数量及合同外资金额最大，分别为85个和11.40亿美元；租赁和商务服务业实际利用外资金额最大，为5.19亿美元；与2021年相比，2022年各行业利用外资情况不太理想，2022年批发和零售业新签订的项目数量最大，为58个，但合同外资金额仅为0.28亿美元，信息传输、软件和信息技术服务业合同外资金额最大，为5.88亿美元，仅比上年下降4.2%，新签订的项目数量与上年持平，实际利用外资金额最大的行业仍然是租赁和商务服务业（见表3）。

表3　不同分类方式下重庆市外资引进情况统计[①]

单位：亿美元

分类 \ 指标 年份	新签订合同数量 2021	新签订合同数量 2022	合同外资金额 2021	合同外资金额 2022	实际利用外资金额 2021	实际利用外资金额 2022
按照投资方式分						
中外合资经营企业	150	136	9.29	6.85	2.04	2.78
外商独资经营企业	185	112	38.32	13.43	17.89	15.04
外商投资股份有限公司	1	——	−0.02	0.06	——	0.14
合伙企业	15	20	−0.69	−0.40	2.42	0.61
按照产业划分						
第一产业	11	3	1.14	0.02	0.00	0.1
第二产业	33	27	11.63	8.85	6.78	4.63
第三产业	307	238	34.12	11.07	15.57	13.84
划分行业 批发和零售业	85	58	11.40	0.28	4.75	4.06
划分行业 交通运输、仓储和邮政业	2	3	0.79	0.70	0.59	0.05
划分行业 住宿和餐饮业	22	9	0.02	0.01	0.00	0.00
划分行业 信息传输、软件和信息技术服务业	45	45	6.14	5.88	0.79	0.26
划分行业 租赁和商务服务业	74	60	1.86	4.76	5.19	4.23

（三）对外投资合作平稳发展

党的十八大以来，重庆大力推进对外投资合作，取得了良好的成绩。2021—2022年重庆市对外承包工程新签订合同数和对外劳务合同合作派出人数均出现了不同程度的上升，分别由2021年的39

①资料来源：重庆市统计年鉴。

个、607人上升到了2022年的39个、706人；但对外承包工程新签合同额、对外承包工程完成营业额则出现了一定程度的下降，由2021年的4.52亿美元、4.25亿美元下降到2022年的3.63亿美元、3.09亿美元。(见表4)。

表4 2021—2022年重庆市对外直接投资额统计[①]

指标	2021	2022
对外直接投资额（亿美元）	11.92	10.63
货币投资（亿美元）	10.65	8.80
对外承包工程新签订合同数（个）	39	54
对外承包工程新签订合同额（亿美元）	4.52	3.63
对外承包工程完成营业额（亿美元）	4.25	3.09
对外劳务合同合作派出人数（人）	607	706

三、对外贸易转型升级

对外贸易作为促进国际要素有序流动，资源高效配置，进而拉动经济增长、拓展开放深度和广度的重要抓手，对重庆建设内陆开放高地、开创对外开放新局面发挥着重要作用。为进一步提升对外贸易国际竞争新优势，重庆深化贸易领域创新，推动国家外贸转型升级基地建设、贸易方式优化，加快培育贸易新业态新模式，促进对外贸易转型升级，取得显著成效。

[①]资料来源：重庆市统计年鉴。

（一）国家外贸转型升级基地建设加快

2018年，商务部等十部门出台了《关于加快外贸转型升级基地建设的指导意见》，积极推动国家级外贸转型升级基地建设，重庆市委、市政府高度重视国家级外贸转型升级基地建设，将其作为对外开放的重要平台、培育外贸竞争新优势的重要载体以及推进贸易强市建设的重要推动力。截至2022年5月，全市共有14个区县17个基地，涵盖机电产品、农产品、纺织服装、医药、新型材料等五大行业13个产品类别（见表5），基地企业总产值近4300亿元，基地企业5500余家，基地规上企业800余家，带动就业人口35万余人，基地特色产品进出口近百亿美元，俨然已成为促进重庆贸产融合、推动贸易高质量发展的重要力量。

表5 重庆市国家外贸转型升级基地明细表[①]

序号	区域	品类	序号	区域	品类
1	涪陵区	榨菜	10	丰都县	榨菜
2	涪陵区	船舶海工	11	高新区	生物医药
3	潼南区	柠檬	12	两江新区	汽车及零部件
4	丰都县	牛肉	13	巴南区	摩托车及零部件
5	荣昌区	纺织	14	渝北区	消费类电子产品
6	长寿区	西药	15	合川区	通用机械
7	璧山区	汽车及零部件	16	九龙坡区	摩托车及零部件
8	九龙坡区	有色金属	17	沙坪坝区	汽车及零部件
9	北碚区	仪器仪表			

①资料来源：新浪财经网。

（二）不同贸易方式持续优化

在一般贸易规模方面，2022年，重庆市一般贸易进出口总值为2928.15亿元，增长9%，占同期重庆外贸进出口总值比重由2021年的33.6%增长到了2022年的35.9%（见表6）。在加工贸易方面，全市加工贸易已形成多主体参与的生态系统，培育了西永综保区，两路寸滩保税港区，巴南、永川、涪陵、江津、万州、璧山、九龙坡、合川等10个加工贸易示范区，加工贸易产业拓展至智能制造、金属加工、纺织服装等领域，初步形成了全市重点突出、多点多品种支撑的加工贸易发展格局。

表6　2020—2022年重庆市不同贸易方式对外贸易情况[①]

单位：亿元

指标	出口额			进口额		
年份	2020	2021	2022	2020	2021	2022
加工贸易	2681.94	3084.28	2860.46	500.92	545.74	679.49
一般贸易	1207.14	1581.00	1920.92	803.47	1105.55	1007.23

（三）贸易新业态新模式不断涌现

重庆抢抓数字经济的历史机遇，推动外贸转型升级，大力发展贸易新业态新模式。2022年，重庆实现跨境电商交易额407.1亿元，同比增长27.9%；目前，外贸综合服务企业有10家，海外仓数量40多个，加工贸易保税维修项目建成1个。

1.服务贸易

作为全面深化服务贸易创新发展模式试点城市，重庆服务贸易

[①] 资料来源：重庆市统计年鉴。

蓬勃发展，正逐步成为推动重庆产业转型升级的新引擎和重要发力点。在服务贸易规模方面，2020—2022年，重庆服务贸易进出口总额从675.3亿元增加到796.3亿元，其中重庆太极实业（集团）股份有限公司、重庆人力资源服务产业园分别成功获批"国家中医药服务出口基地""国家人力资源服务出口基地"。在服务外包方面，全市离岸外包执行额从22.8亿美元增加到了25.5亿美元，年均增长7.4%，名列中西部第二，其中重庆博腾制药科技股份有限公司和重庆大龙网科技集团有限公司成功入选30家国家信息技术外包和制造业融合发展重点企业。

2. 跨境电商

重庆在西洽会上举办了2022年中国（重庆）跨境电商交易会，吸引了来自14个国家和地区的政府代表、外国驻华使节、专家学者等200余位领军人物和600多家企业参会。截至2022年底，重庆已累计认定5个跨境电商示范区，打造跨境电商全产业链，跨境电商交易额同比增长27.9%。

3. 数字贸易

重庆软件园作为"重庆市首批综合型软件园产业园"与"重庆市服务业扩大开放综合试点示范园"，重点打造了专业的"重庆数字文创产业园"，培育了一批数字贸易企业，现已聚集近百家游戏动漫企业，形成了包括研发、制作、发行在内的游戏制作全产业链。同时，重庆借助RCEP的东风，依托人工智能和大数据、云计算技术底层能力，引导企业积极参与国际数字贸易的发展，实现了与RCEP数字贸易的快速发展。

4. 市场采购贸易

加快推进重庆市市场采购贸易方式试点工作，2022年9月大足龙水五金市场集聚区获批市场采购贸易方式试点区域，2022年12月，首批两票总计15.5万美元的大足龙水五金城货物，搭乘中欧班列（渝新欧）发往波兰，2023年10月开行首班"市场采购贸易"跨境班列——渝新欧（重庆—明斯克）专列，成功启动中老班列首单、江海联运首单，为小商品出海带来新的发展机遇，将进一步深化重庆与东盟的贸易互动，极大发挥重庆市优势产业和专业市场潜能，逐步推动制造业转型升级。

第六章

营商环境建设

良好的营商环境是一个地区经济软实力的重要体现，是一个地区提高综合竞争力的重要方面。党的二十大报告指出，要"完善产权保护、市场准入、公平竞争、社会信用等市场经济基础制度，优化营商环境""营造市场化、法治化、国际化一流营商环境"。[①]中国正迈上全面建设社会主义现代化国家新征程，高质量发展是全面建设社会主义现代化国家的首要任务，一流营商环境是支撑高质量发展的沃土。近年来，重庆把优化营商环境作为推动高质量发展的突破口和着力点，以更高标准、更大力度、更实举措提升软硬实力，持续推动招商引资提质增效和产业发展迭代升级，着力打造一流营商环境，取得显著成效。

一、市场环境

市场环境作为营商环境的动力，主要是指区域经济发展过程中市场的健全程度和开放程度，良好的市场环境能有效促进市场繁荣、有序和公平发展。要通过畅通市场准入、强化权益保护、完善市场监管，推动市场环境持续不断优化，企业获得感和满意度不断提升。

（一）畅通市场准入

1. 充分释放市场活力

升级开办企业"一网通"平台3.0版，上线"E企办"小程序，

[①] 习近平：《高举中国特色社会主义伟大旗帜　为全面建设社会主义现代化国家而团结奋斗——在中国共产党第二十次全国代表大会上的报告》，人民出版社2022年版，第34页。

开办企业"线上办"变"掌上办",自动生成电子印章与电子营业执照,实现"一个终端全办结、一个平台全覆盖、一份电子证照全应用"。全面推行企业简易注销改革,建立企业简易注销容错机制,11.24万户企业通过简易注销顺利退出市场。截至2023年11月底,全市经营主体总量达367.48万户、较2022年底增长7.57%,企业家信心指数和企业投资意愿持续升温。

2.完善市场准入效能评估制度

印发《重庆市全面提升市场准入效能工作推进机制(试行)》,探索制定市场准入效能评估指标体系,设置4个维度27项指标,其中16项通过"渝快办"实现数据自动采集。依托"信用重庆"网站开设负面清单查询、问题线索征集、企业问卷调查等专栏,引导市场主体广泛参与,着力破除市场准入隐性壁垒。通过对全市41个区县(开发开放平台)和10个准入审批事项较多的市级部门开展综合评估,分区域、分领域、分指标深入剖析诊断,形成评估报告并建立结果运用长效机制,推动市场准入服务效能不断提升。

(二)强化权益保护

1.加强知识产权保护力度

印发《2021年重庆市知识产权行政保护实施方案》,聚焦重点市场、重点领域和重点产品,持续开展"铁拳""蓝天""绿色技术"等执法专项行动。成立重庆知识产权法庭,形成"全域管辖、三审合一、三级联动"的审判体系。深化川渝两地知识产权合作,签署《川渝知识产权合作协议》,跨区域开展联合执法、应急联动,全面加强川渝两地知识产权一体化保护。

2.健全海外知识产权纠纷应对机制

整合利用国家海外知识产权信息服务平台"智南针网"、国家区域专利信息服务（重庆）中心、国家与重庆专家库等平台资源，为重庆企业在海外申请知识产权、参加国际性展会、应对知识产权纠纷等提供专业指引。设立海外知识产权纠纷应对指导工作站，开通快速响应窗口和服务热线，开展海外知识产权纠纷信息收集与报送、纠纷案件业务指导、风险防控培训和宣传、纠纷应对资源协调等工作。围绕战略性新兴产业、高新技术产业及数字经济产业，支持40家企业制定海外知识产权风险应对预案，规避侵权风险65个。

3.提升特色化权益保护水平

两江新区建立重庆两江新区（自贸区）法院、重庆两江国际仲裁中心、两江新区外商投诉协调服务中心、"行政服务管家"工作团队等多位一体的维权通道，提供司法、仲裁、调解、协调等多种维权选择。出台了高新技术企业跨境融资产品——科技跨境贷，支持拥有自主知识产权、技术和工艺先进、市场前景良好的创新型高科技企业进行境外融资。渝中区首创"政府+平台+企业+司法机关"四位一体数字经济知识产权保护机制，打造"区块链+数字版权"一站式智能服务平台。重庆自贸试验区人民法院推出涉外商事诉讼、仲裁与调解"一站式"纠纷解决机制创新。

（三）完善市场监管

1.加强招投标领域监管

推行招标文件标准化管理，连续开展招投标领域营商环境专项整治，全面清理限制或排除不同地域、不同所有制企业参与投标的违规行为。建成投用重庆市电子招标投标系统，实现从招标计划发布到合同签订全流程线上办理，每年为市场主体节约投标成本2亿元。在国家发展改革委指导下，推动6个试点城市间招投标领域CA（数字证书）跨区域兼容互认，市场主体办理一次CA，即可参与13个地方和企业招投标平台投标。截至2023年12月，重庆市招标投标信用平台注册市场主体5.9万余个；纳入不良行为信用记分管理420个、重点关注名单59个、黑名单11个、红名单667个。

2.强化金融市场监管

获批设立成渝金融法院并落户重庆，为打造西部金融中心提供有力支撑。探索形成市场主体全生命周期监管链，推动"双随机、一公开"监管和信用监管深度融合。2022年重庆市地方金融监督管理局共对100家小贷公司、40家典当行、10家融资担保公司、12家商业保理公司、4家交易所、10家融资租赁公司、2家地方资产管理公司开展现场检查，发出询问函、责令整改通知等监管文书115次，出清机构132家，有效规范金融市场秩序。

二、法治环境

重庆聚焦中心大局，以良法促进发展保障善治，着力解决法治领域突出问题，靠前服务、能动司法，依法平等保护各类企业经营发展，持续营造稳定、公平、透明、可预期的一流营商环境，不断增强重庆吸引力、创造力、竞争力，取得了一系列标志性成果，让各类市场经营者体验到浓浓暖意和拳拳关爱。

（一）强化制度建设

1. 加强政策支持力度

先后出台《关于全面优化营商环境促进民营经济发展的意见》《重庆市营商环境优化提升工作方案》《重庆市政务服务管理办法》《重庆市2020年对标国际先进优化营商环境实施方案》《重庆市2021年深化"放管服"改革优化营商环境实施方案》等120多项政策举措，为企业减负1000亿元以上，让政策"含金量"变成企业实实在在获得感。健全"1+X"民营经济司法保护工作体系，发布《民营企业法律风险防控提示书》，梳理民营企业经营10个方面53个具体法律风险点，为企业提供参考借鉴。推动2022年版《中西部地区外商投资优势产业目录》重庆专属目录由34条大幅增加至45条，成为历年来重庆纳入条目最多的一次，有效解决在渝外资小贷、绿色建筑和生态小区等多年不能享受内资同等优惠政策等问题，推动平行进口汽车符合性整改和气凝胶节能材料、家具、纺织服装、玩具的生产制造等进入鼓励目录，大幅拓宽重庆承接外资国际国内产业转移领域。

2. 深化商事登记制度改革

依托"渝快办"上线开办企业"一网通"平台，并在手机端推出"E企办"小程序，实现"一网、一窗、一次、一日"办结，从网上提交材料到免费领取执照、印章、发票和税盘最快不到2小时，获国务院办公厅通报表扬。推行企业简易注销登记改革试点，将公告时间由45天压减为20天，便利14.3万户未开业或无债权债务企业通过简易注销退出市场。搭建了企业注销"一网通办"平台，通过数据共享、信息互认，实现市场监管、税务、社保、海关、商务等5项跨部门业务"同步指引、一网注销"。

3. 全面落实公平竞争审查制度

率先引入第三方机构，对各区县、市级有关部门公平竞争审查制度实施情况进行评估，形成"专业机构独立评估、专家团队集体研讨、专门会议审定结果、专函督促限期整改、专项跟踪整改效果、专题报告评估情况"的"六专"模式，妨碍公平竞争的政策措施文件占比由2019年的16.5%下降到2022年的8.4%。

（二）加强执法监管

1. 完善执法机构建设

成立自贸区法院，负责审理涉自贸试验区商事及知识产权案件。成立西部地区首个破产法庭，加强破产审判专业化建设，有效化解经济领域重大矛盾，累计清理债务2133亿元，盘活资产961亿元，收回债务所需时间被评为全国最佳。建成投用重庆法院破产协同易审平台，通过与市级相关部门及银行的信息协同共享，实现不动产、银行账户等8类破产企业财产信息线上查询，单个案件信息查询耗时从至少4天压减至0.5天。

2. 提升司法程序质效

引导法院规范审判执行权力运行，提升办案和管理质效。实行"网上无纸化立案"，全流程不再提供任何纸质诉状。实行审限届满提前预警，规范延长审限批准流程，减少开庭次数。商事案件简易程序平均开庭1.16次，普通程序平均开庭1.39次，50%以上案件开庭次数未超过2次。

3. 强化监管平台建设

建成重庆市地方金融综合监管信息平台一期项目，正在加快推进二期项目建设，建成后功能覆盖市区（县）两级地方金融工作部门、行业协会140余个用户和1000余家地方金融机构。建成重庆市打击非法集资综合管理平台，包括监测预警、案件管理、投诉举报、核查处置、情报信息等模块，覆盖全市100余万家工商注册企业，录入全市有记录可查的1300余件非法集资案件数据，创建全国首个省级单位非法集资案件处置全流程管理台账。建成重庆市小额贷款公司监管系统、重庆市融资担保机构监管系统，有效提升了风险监测和预警水平。

（三）健全评价机制

1. 发布国内首个法治化营商环境司法评估指数体系

2019年8月，重庆法院在全国首发《重庆法治化营商环境司法评估指数体系》，由中国社科院独立进行第三方评估。对试点法院2019年和2020年的评估，试点法院法治化营商环境司法保障总体较好，其中司法便民模块成绩最好，平均分均达90分以上。这主要得益于重庆法院全面推广电子诉讼，2019年1月至2020年6月，试点法院开展电子送达48134件次、在线庭审案件395件、在线调解案件11930件、在线缴费案件46119件。市一中法院还完成1950年至今的53万余件档案数字化，实现法院间电子档案查阅。

2. 完善统筹调度、宣传培训、督查考核等工作机制

开展分级分层调度1100余次，推动卡点堵点问题早发现、早解决。构建"常态化宣传+重要节点专题宣传"的宣传引导机制，定期召开专题新闻发布会解读重大改革政策，组织宣传活动3900余次，刊发新闻报道1300余篇。紧抓窗口工作人员和中介机构培训，开展各类培训8000余场，参训人员达70万人次，不断提高政

策执行运用水平。建立督查台账每月跟踪督办,并将工作落实情况纳入区县经济社会发展业绩考核和市级党政机关目标管理绩效考核。

三、政务环境

重庆坚持需求导向,持续推进政务服务"一网办、一窗办、一次办、一表办、一站办"改革,探索创新政务服务标准化、规范化、便利化,全面提升政务服务能力和水平。

(一) 规范服务标准

1.深入推进"川渝通办"

推动成渝地区双城经济圈建设,着力打破政务服务的地域阻隔和行政壁垒,分3批开展311项高频政务服务事项"川渝通办",涵盖民政、税务、交通、商务等30个行业领域,包括营业执照申办等企业生产经营事项144项、住房公积金提取等个人日常生活事项167项,累计办件量超过1300万件次。

2.建立统一的公共资源交易平台

整合原分散设立的公共资源交易四大类五个交易平台,成立重庆市公共资源交易中心,持续推动内部流程优化、信息共享、业务协同、资源整合,不断拓展业务,交易品类达30多个。市交易中心坚持"硬件""软件"两手抓,自筹资金5亿元新建3万平方米智能化交易服务场地，以优质服务吸引市场主体进场交易。全市以开展国家级社会管理和公共服务标准化试点建设为契机，组建市公共资源交易标准化技术委员会，建立"标准化+公共资源交易"服务体系，实现交易服务事项标准覆盖率100%，高分通过国家试点验收。

（二）提升服务质效

1.推动政务服务提质增效

全面推行线上"一网通办"、线下"一窗综办"，市级行政许可事项"最多跑一次"比例超过99%，平均办理时间压减60%以上。政务服务大厅"一窗综办"窗口设置和进驻事项比例均超过80%，平均办理用时近三年减少77%。有序推进140项高频事项"跨省通办"、210项高频事项"川渝通办"、148项高频事项"西南五省通办"。上线"渝悦生活服务专区"，全方位汇聚市政府有关部门和单位提供的政务服务、公共服务、便民服务事项，为广大市民提供全场景的政务服务和生活指引，推动政务服务向公共服务领域拓展。截至2023年1月，"渝悦生活服务专区"已汇聚便民服务事项233项，涵盖城市生活热点信息、旅游咨询、个人不动产信息查询、公租房及房租缴费、招聘会信息等城市生活的方方面面。

2.提高公共服务水平

持续深化低压小微企业用电报装"三零"（零上门、零审批、零投资）服务，全面推广高压用户用电报装"三省"（省力、省时、省钱）服务，低压小微企业平均接电时间压减至4.25天，10千伏城镇用户全流程平均接电时间不超过30个工作日。推行全流程"一站式"集成服务和帮办服务，工商用户、城镇新建居民小区用户用气报装办理流程精简，时间由15个工作日压减至8个工作日；小型项目用水报装精简，办理时间压减至5天。推出"企业服务专区"，为企业提供线上办事、政策推送、融资贷款、助企活动等"一站式"服务。

3.全方位推动服务创新

完善市、区县外商投诉中心和全国首个跨区域外商投诉协作机制（成渝外商投诉协同联动机制），发挥重庆外资企业智慧服务云平台效用。2022年，重庆外资企业智慧服务云平台共办理外商投资企业反映的困难问题和诉求405个。组建外商投资企业"行政服务管家"队伍，开展"三送一访"活动（送政策、送工具、送咨询，访企业）。2022年，重庆400余名行政服务管家走访服务外商投资市场主体7216次，实现了所有的外资主体直接联系服务全覆盖。设立"12345"政务服务热线电话，进一步推进建立成渝地区"12345"政务服务热线联动机制。出台《重庆市建设高质量外资集聚地三年行动计划（2022—2024年）》，明确加大制造业引进外资、设立外资研发中心、鼓励培育外资总部等支持措施。2022年，重庆直接支持外资企业外经贸发展资金2600余万元，持续增强外资企业获得感。

（三）强化数字赋能

1.搭建数字服务平台

在江津区、九龙坡区等多个区县的批发市场落地大龙云数字化服务平台，通过与数万家小B链接积累大量的数据，帮助重庆地区的3000多家小B客户打开了经营新局面。针对大B端客户和海外B端客户，则通过遍布全国的百余个数字贸易产业服务基地搭建了数字化的桥梁，以订单为切入点，实现数字化的高效沟通。2021年以来，运贸通已与江津区超过1万家商户建立了联系，累计有4000多家商户完成了注册，帮助500多家客户完成贷款融资，金额超过2亿元。

2. 以数字化赋能促进跨域服务高效化

建成出口商品哥伦比亚展示中心，为企业提供仓储、物流、通关、售后、推广等一系列外贸综合服务和双向投资贸易咨询协助，首批来自小康、长安、飞牛、汇帆等53家重庆企业的9000余件品牌商品通过"线下展示+线上对接"的方式，深度拓展南美市场。策划组织企业参加中国品牌商品哥伦比亚线上对接、中国—南美国际贸易数字展、阿里巴巴网交会等线上展会，引导企业做好展前对接、线上推介、现场直播、远程洽谈，便利企业保持国际市场开拓不断档。

四、开放环境

重庆坚持改革与开放相互促进，制度"对接"与"创新"并行，着力推动规则、规制、管理、标准等制度型开放，全面优化对外开放制度设计。

（一）推动贸易投资便利化

1. 促进跨境贸易便利化

创新国际物流配套服务机制，推广铁海联运"一单制"、铁路运单物权化、贸易融资结算等规则试点，实现"一次委托""一单到底""一次保险""一箱到底""一次结算"。优化水运物流组织模式，稳定高效开行"沪渝直达快线"，有效提升水运物流时效40%，准点率提高50%。深化国际贸易"单一窗口"建设，累计业务量超过1亿票，取得全国"单一窗口"第一票货物申报等九个"全国第一"。2020年以来，重庆口岸进出口整体通关时间压缩比分别稳定在65%、85%以上，进出口环节常规收费公开透明合理，跨境贸易便利化显著提升。创新海关税收担保模式，推动外资银行参与进出口通关缴税和关税保函业务。拓展跨境金融区块链服务平台应用，西部陆海新通道融资结算应用场景减少企业跨境结算单证审核时间90%。

2. 优化外商投资服务

出台《重庆市外商投资企业投诉工作办法》，发布办事指南，建设外商投资智慧服务云平台，设立外商投资市场主体线上投诉协调专用通道，全市38个区县和6个开放平台均已建立外资投诉中心，外商投资合法权益保障有力。建立"外商投资行政服务管家"服务机制，全市建成"行政服务管家"队伍共416人，实现外商投资企业专人服务全覆盖，外商投资企业服务持续提升。

3. 提升通关便利化水平

联合陆海新通道沿线15地海关围绕打击走私、转关便利化等议定49项合作事项，搭建跨关区通关异常处置机制，高效解决关区间检测试剂、榴莲等产品通关问题，形成20余个典型案例处置经验并复制推广。支持铁海联运班列放量增长，将"联运中转模式"推广运用于铁海联运，实施批量转关，助力铁海联运班列与中欧班列、长江黄金水道有机衔接。积极在中越班列、中老班列推广实施铁路快速通关模式，满足企业在属地开展舱单归并、分票等业务需求，单个集装箱节约成本200余元，缩短班列口岸作业时间24小时以上。联合南宁海关支持企业获批内陆首批大湄公河次区域运输许可证，边境通关由"换装换车"转为"一站直达"，节省运输时间2天。开通重庆南向跨境公路班车9条线路，覆盖中南半岛所有东盟国家。

（二）提高招才引智强度

1.高效推进海智工作

成立了海智工作联盟，吸纳重庆材料研究院、中国科学院重庆绿色智能技术研究院、重庆邮电大学、金山科技等首批55家成员单位。截至2023年6月，重庆市共有52家海智工作站，累计引进海外高层次人才500余人，与100多个海外团体建立合作关系。此外，两江新区、重庆高新区先后获批设立国家海外人才离岸创新创业基地。

2.深入实施重庆英才计划

设优秀科学家、名家名师、创新创业领军人才、技术技能领军人才、青年拔尖人才5个专项，每年遴选支持高层次人才430名左右、团队100个左右，已遴选支持优秀人才1208名、团队255个。仅首批入选人才中就有37人入选国家级人才计划，取得国际国内领先成果32项，承担国家级科研课题118项，开发新技术新产品2232个。出台《重庆英才计划"包干制"项目实施方案》，有效打通了人才计划和科研项目通道，截至2021年11月中旬，已立项"包干制"项目438个，带动3771名科研人才参与研究，引导投入资金3.3亿元，其中社会资金1.8亿元。

3.强化人才保障

设立中外人员往来"快捷通道",建设重庆英才服务港,建立引才专员工作机制,探索外籍人才经历、资质互认,为"高精尖缺"外国人才提供便利。建立口岸通关效率检测评价机制,提高出入境人员口岸通关效率。建成重庆人力资源服务产业园,经过近5年发展,已入驻企业145家,建成6个国家级基地,累计实现营收612亿元,服务1000万人次,促进就业和流动500万人次。引领重庆市人力资源服务业年营收突破800亿元,年均增长超过30%。引进16家优质猎头机构,累计为重庆市引进高层次人才2000余名。

(三) 优化政商环境

1.强化诚信政府建设

积极加强诚信宣传教育,持续推进民法典宣传,开展"诚信建设万里行""诚信兴商宣传月""诚信十大典型案例""信用应用创投大赛"等系列宣传活动,营造诚实守信的浓厚社会氛围。探索建立政策性合同履约网,将政府采购、招标投标、招商引资等领域合同纳入政务履约系统管理,实行线上电子动态监管。通过建立诚信档案,将全市各级政府和公务员在履职过程中的违法违规、失信违约等信息纳入政务失信记录,严格执行公务员录用、调任信用查询机制。

2.完善政企沟通机制

出台《毫不松懈纠治"四风"十项举措》,坚决整治损害营商环境的作风问题,严肃查处不作为、慢作为、乱作为等行为。开展集中走访精准服务民营企业活动,实现规模以上民营企业全覆盖。推广营商环境观察员制度,深入企业了解诉求、排忧解难。大力整治服务企业发展中的腐败和作风问题，推动党员干部积极作为、靠前服务。

3.严肃执纪执法

依法查处涉嫌虚开骗税企业上万户，查补税款超18亿元，抓捕涉案人员435人，成功破获了"4·01"特大虚开发票案、"荣昌夏布骗税案"等26起大案要案，及时曝光10个骗取留抵退税违法犯罪典型案例，有效规范了税收经济秩序。市税务局成立乔伟工作室，统筹全市税务系统186名公职律师；在区县税务局已成立9个税费争议调解中心，为纳税人、缴费人寻求涉税法律援助提供便捷渠道，全方位接受公众维权、投诉、咨询，实现涉税矛盾争议"一揽子"调处，用法治的力量更好地维护公众合法权益。

第七章

深入开展国际交往合作

重庆牢牢把握融入共建"一带一路"、成渝地区双城经济圈建设机遇，在服务国家总体外交、强化国际资源配置、拓展国际交往合作、优化国际交往环境、提升国际传播能力等方面取得了积极成效，为推动我国形成陆海内外联动、东西双向互济开放格局做出了新贡献。

一、国际交往领域

聚焦服务大国外交，扎实开展经贸、政务、人文等领域对外交往合作，逐步推动形成了全方位、宽领域、多层次的对外开放格局，重庆对外交往活跃度、城市知名度和经济外向度显著提高，"国际范"越来越足，国际"朋友圈"不断扩大。

（一）国际经贸合作空间进一步拓展

1.双向投资水平不断提升

持续优化外资外贸环境，双向投资水平不断提升。党的十八大以来，重庆持续推动更深层次改革，实行更高水平对外开放，加快培育外贸竞争新优势，相继获批建设国际消费中心城市、西部金融中心、服务业扩大开放综合试点等，陆续出台优化贸易结构、促进综合保税区高水平开放高质量发展以及稳外贸稳外资12条、利用外资25条等政策措施。2022年，新增4家世界500强企业落户重庆，累计达到316家；全市新增外商投资企业268家，外商投资市场主体达到7338家，利用外资连年保持在100亿美元以上水平。全年对外承包工程新签合同额3.63亿美元,对外承包工程完成营业额3.09亿美元。

2. 外贸市场多元化发展

发挥政府引导作用,努力开拓多元化国际市场。在巩固欧美、日韩等传统市场的基础上,深耕东盟、"一带一路"等新兴市场,积极举办重庆出口商品东盟展、非洲巡展等系列活动,组织企业赴欧洲、东盟、南美、中东、日韩等国家地区参展,外贸"朋友圈"不断扩大,已与200多个国家和地区建立贸易伙伴关系。2022年,全市对东盟、欧盟、美国三大贸易伙伴进出口分别为1266.32亿元、1247.58亿元、1134.78亿元;对"一带一路"沿线国家进出口值从2012年的1015.49亿元增加至2214.02亿元;对韩国、日本、印度、俄罗斯进出口值分别比2012年增长5.4倍、1.9倍、2.1倍和4.5倍。

3. 区域经贸合作持续深化

深入对接《区域全面经济伙伴关系协定》(RCEP)等高标准国际经贸规则。实施与东盟经贸合作行动计划,对东盟进出口额连续多年保持在第一位水平,东盟作为重庆第一大贸易伙伴关系更加牢固。持续关注中日韩自贸区谈判,积极引进日韩高层次国际化市场主体,吸引日韩跨国公司、大型企业来渝设立综合总部、地区总部和功能总部,扩大与日韩在智能制造、数字经济、金融等领域合作。2022年,重庆与RCEP成员国进出口总额2585.3亿元,同比增长9.2%,占全市对外贸易总额的三成。RCEP成员国在渝新设项目39个,合同外资5.5亿美元,同比增长10.3%,实际使用外资3.6亿美元,日本迈特光电项目、印尼绿岩文旅项目、新加坡际艾投资项目等先后落地,双边投资不断扩大。

4.服务业扩大开放综合试点工作全面推进

2021年，获批服务业扩大开放综合试点，重庆认真研判服务业发展基础，立足重庆特色，聚焦科技、金融、教育、商业、健康医疗、物流通关等重点行业领域服务业扩大开放，服务业对外开放水平明显提升。依托"单一窗口"率先开展服务贸易国际结算便利化工作；中国重庆人力资源服务产业园获批为首批国家特色服务出口基地（人力资源），重庆太极实业（集团）股份有限公司获批为全国第二批国家特色服务出口基地（中医药）。服务贸易取得新突破，服务贸易总额从2019年的678亿元，增长到2022年的796.3亿元，年均增长5.5%，位居中西部第二。

（二）积极拓展各领域人文交流合作，稳步提升国际交往活跃度

1.对外文化和旅游交流合作

积极开展对外文化交流项目运营和策划，成功地组织"感知中国·穿越新丝路""乡秀·重庆时光—美丽乡村代言推广"活动等影响大、效果好的活动；打造了"重庆与世界嘉年华""重庆时光""感知重庆"等城市推广品牌；引进彼德·利兹等一批外籍艺术家参与我市文艺精品创作和演出。先后加入世界旅游联盟、澜湄旅游城市合作联盟等9个国际性文旅组织，设立17个文化旅游境外推广中心，在海外成功举办"山水之城·美丽之地"文旅推介会、"重庆文化旅游周"，成功举办中国西部旅游产业博览会、世界大河歌会等涉外文旅活动和重庆国际马拉松、永川国际女足锦标赛、亚洲田径大奖赛等高规格国际性体育赛事。

2.科技教育国际交流合作

推动成立全国首个跨省域的孔子学院工作联盟——成渝地区双城经济圈孔子学院（国际中文教育）联盟，在15个国家和地区开设20所孔子学院和34个孔子课堂。支持渝中区、沙坪坝区等4个区与教育部共建中外人文交流教育实验区，推动市内学校与国外建立校际合作与交流关系。与新加坡、匈牙利、德国等30多个国家开展联合研发，建设国际科技合作平台45个、国家级国际科技合作基地19个、国家级技术转移机构8家。

3.国际传播效能提升

党的二十大报告指出，加强国际传播能力建设，全面提升国际传播效能。2023年重庆市政府工作报告指出，要全面启动西部国际传播中心建设，打造国际传播创新基地、对外话语创新基地、对外文化交流基地和高水平外宣智库。突出重庆元素、中国视角、国际表达，全方位展示重庆良好城市形象。重庆国际传播中心以iChongqing英文网站为基础信息平台，构建"海外客户端+英文网站+社交账号+渠道分发"的矩阵模式，形成了以文旅资讯iChongqing、财经新闻BridgingNews（陆海财经）等海外社交账号矩阵。2022年，iChongqing全平台累计新增用户435.2万，同比增长19.5%，海外总用户量累计达到1300万；新增曝光量13.5亿次，同比增长69.03%；全年累计曝光量超过25.5亿人次，国际传播效能进一步提升，"山水之城·美丽之地，重庆，行千里·致广大"形象品牌进一步唱响。

（三）加速推进中西部国际交往中心建设，积极拓展国际交往"朋友圈"

1. 中西部国际交往中心建设快速推进

建设国际交往中心有利于形成共商共建共享的全球治理新秩序，有利于加快构建互利互惠的国际贸易新格局和推动形成不同文明交流互鉴的新机制，是重庆建设内陆开放高地、构建新发展格局、重塑国际合作竞争新优势，全面融入共建"一带一路"和长江经济带发展的必然要求。2019年10月，重庆全面融入共建"一带一路"加快建设内陆开放高地推进大会明确提出，重庆要加快建设中西部国际交往中心。2020年，重庆印发《重庆市建设中西部国际交往中心三年行动计划（2020—2022年）》，明确重庆建设中西部国际交往中心的指导思想、基本原则、发展目标、重点任务和保障措施，成立由市长任组长的重庆市中西部国际交往中心建设工作领导小组，全力推动中西部国际交往中心建设，并按照"一核一轴一环多点"功能布局，完善国际交往设施、增强国际交往动力、培育国际交往载体、搭建国际交往平台、优化国际交往环境。2021年，国务院批复同意的《重庆市服务业扩大开放综合试点总体方案》，明确提出重庆要加快建设中西部国际交往中心，从国家管理层面明确了重庆建设中西部国际交往中心的任务。重庆在《三年行动计划》基础上进行拓展升级，印发中西部国际交往中心专项规划，为重庆在"十四五"时期建设中西部国际交往中心确立了战略目标，制定了路线图。

2. 对外交往格局加快构建

积极融入国家对外开放总体布局，服务大国外交。积极参与中非合作论坛峰会、中非地方政府合作论坛机制框架下的各项活动，不断巩固与非洲国家的传统友谊，助力中非全面战略合作伙伴关系建设。深度参与中国—东盟、中国—中东欧、上海合作组织、澜湄合作以及中美、中俄等多双边合作机制，加快构建立足中西部、联通东盟、面向世界的对外交往格局。配合国家举办中国—上海合作组织数字经济产业论坛、中国—东盟特别外长会和澜湄合作第六次外长会、中国—拉美企业家峰会等系列重大外事活动，高质量完成中央交办外事任务。充分发挥领馆、友城、国际组织等桥梁纽带作用，积极推进与加拿大、阿根廷、巴西、墨西哥、澳大利亚等地区主要国家的合作交流，开拓发展与萨尔瓦多、巴拿马、哥斯达黎加、阿塞拜疆、坦桑尼亚、乍得等国的友好关系；积极推动与沿线国家重要城市互结友好城市，开展城市交流合作，打造城市交流品牌；深化与港澳台地区交流合作，举办重庆市港澳顾问年会、渝港金融论坛、重庆·澳门周等系列活动。当前，经外交部批准在渝设立领事机构增至13家，国际友好城市和友好交流城市分别达53对和115对。加快完善国际交往设施，培育打造一批外事参访点，高标准建设广阳岛国际会议中心、寸滩国际邮轮母港、九龙坡艺术半岛，建成投用重庆市规划展览馆、礼嘉智慧公园；积极挖掘重庆对外交往独特历史资源，加强驻渝外国机构旧址保护利用，启动建设外交外事历史陈列馆。突破地域空间限制，推动对外交往联系不断、热度不减，重庆创新性开展云会见、云巡展、云签约等线上交往活动。

二、国际交往平台

积极推进各类国际合作平台建设、打造高端会展品牌，不断拓展重庆与世界各国开展交往合作空间，重庆国际营商环境进一步优化，国际资源配置能力、城市功能、提升城市影响力和竞争力明显增强。

（一）积极搭建国际合作平台

积极培育打造国际合作平台，欧洲重庆中心、中国（重庆）—上海合作组织智慧旅游中心、中国南亚国家减贫与发展合作中心等一批国际合作平台落地重庆并加快建设。

1. 欧洲重庆中心

为进一步深化重庆与欧洲有关国家和地区在贸易、投资、技术等领域的合作，推动共建"一带一路"走深走实，形成全市对欧洲合作资源要素集中集聚，打造中欧双方产业合作和科研成果转化高地。2020年9月设立"欧洲重庆中心"，作为重庆市与欧洲合作资源集中集聚的窗口和载体，欧洲重庆中心以产业合作、商会协会、企业联盟等方式积极链接重庆对欧洲合作资源，在为中欧企业在品牌经营、市场拓展、技术转移交易、项目开发等方面开展深入合作提供便利，为欧方企业和机构来渝投资兴业提供信息及对接服务的同时，在数字经济、新一代信息技术、绿色产业、"智能+"产业等领域开展交流合作。欧洲重庆中心现已引入上合组织多功能经贸平台、西美葡中心、法国中小企业协会等多家外国商协会、涉外机构及中外合资企业入驻，并集聚了涉欧人力资源服务机构、"一带一路"国际商事法律服务示范项目等对欧合作要素资源。围绕物流、新材料、智能智造、国际贸易等重点涉外领域，为国际物流枢纽基地、人力资源服务基地、新材料产业基地、国际经贸与人文交流基地、临空国际贸易服务基地、法律服务基地、智慧制造研究与技术转移基地、中瑞产业园基地等首批8个欧洲重庆中心基地授牌。

2. 中国（重庆）—上海合作组织智慧旅游中心

为加快建设中西部国际交往中心，积极建设文化强市和世界知名旅游目的地，2021年8月23日，在中国—上海合作组织数字经济产业论坛智慧旅游分论坛上，"中国（重庆）—上海合作组织智慧旅游中心"正式挂牌成立，围绕共商发展标准、共建发展平台、共促市场发展、共推文旅品牌、共同培养人才等五大任务，搭建中国和上海合作组织国家文化旅游交流合作平台，推动重庆与上合组织成员国在产业投资、设施联通、人文交流、游客护送等方面进行深度合作，推行"一站式通关"等旅游便利化措施，助力国际旅游业整体复苏。携手上合组织国家建设国际智慧旅游景区，探讨智慧旅游新模式新应用，展示智慧旅游发展新成果，利用线上旅游、云端展览等线上技术，为游客提供全面详细的网上咨询服务，多形式推介上海合作组织成员国旅游景点信息，为游客自动规划旅游线路，持续推进以数字化、网络化、智能化为特征的智慧旅游发展。

3. 中国南亚国家减贫与发展合作中心

分享中国减贫经验、支持帮助南亚各国巩固减贫成果，探索符合地区实际的减贫和可持续发展之路，共同推动脱贫减贫事业向前发展。2021年4月，在中阿巴尼斯孟合作应对新冠肺炎疫情外长会上，时任国务委员兼外长的王毅代表中国政府提出成立中国南亚国家减贫与发展合作中心的重要倡议，得到南亚国家积极响应。经多方考察和选择对比，西南大学被选定为中国南亚国家减贫与发展合作中心培训基地，在产业扶贫、易地扶贫搬迁、"三变"改革试点、乡村旅游扶贫、教育扶贫、乡村振兴等模式上精选具有代表性、经验可复制、可推广的考察点，进行交流合作。2021年7月8日，由外交部与西南大学共建的中国南亚国家减贫与发展合作中心在重庆西南大学正式启用。结合自身成功经验，积极制定务实管用和有针对性的培训方案，采取线上线下教学相结合方式，减贫培训班开启工作快速推进，2021年12月16日，首次"南亚国家减贫与发展研修班"在西南大学举行开班仪式。

4. 中国—希腊文明互鉴中心

中希文明互鉴中心是两国积极落实两国领导人共识，由西南大学牵头，联合中国人民大学、山东大学和四川大学等国内高校，与希腊雅典大学、佩特雷大学、亚里士多德大学和克里特大学于2023年2月共同合作成立。中希文明互鉴中心将本着"开放、共享、合作、共赢"的原则，整合中国和希腊一流高校资源，以共建"一带一路"和构建人类命运共同体为使命，建成国际化的人才培养、科学研究和社会服务平台、高水平智库平台，建成中国—中东欧人文交流基地以及联结中国与欧洲的桥梁。并将围绕联合人才培养、科学研究、社会服务和中外人文交流等方面开展工作。中希文明互鉴中心对推动中希文明交流互鉴、促进各国文明发展，具有十分重要的历史和时代意义。

（二）打造高端会展平台

重庆聚焦国家赋予的战略定位，高质量办好智博会、西洽会、中新金融峰会、陆海新通道国际合作论坛等重要展会活动，积极搭建高质量对外交流及国际产业合作重要平台，连续多年荣获中国最佳会展目的地城市。

1. 中国国际智能产业博览会（智博会）为深化数字经济国际合作赋能

连续成功举办五届中国国际智能产业博览会（智博会）。2018年5月，经党中央、国务院同意将中国重庆国际汽车工业展与中国

（重庆）国际云计算博览会合并，更名为中国国际智能产业博览会（智博会），由工业和信息化部、国家发展改革委、科技部、国家网信办、中国科学院、中国工程院、中国科协、新加坡贸工部和重庆市人民政府共同主办，并永久落户重庆。习近平总书记三次向智博会致贺信，体现了党中央、国务院对智博会的深情厚爱。5年来，智博会始终致力于推动数字经济和智能产业发展，办会质效不断提升，国内外关注度、参与度日益扩大。累计布展面积约54万平米，超3000家单位参与展览展示；举办各类论坛161场次，200余位国内外院士专家、150余位世界500强企业负责人参与活动；举办各项赛事41场，吸引国内外上万名选手参与比拼；举行发布活动433场次，发布400余项新成果。

2.西洽会逐步成为西部地区展示形象扩大对外开放合作的重要窗口

2018年5月，经国家批准，将第二十一届中国（重庆）国际投资暨全球采购会（简称"渝洽会"）正式更名为"中国西部国际投资贸易洽谈会"（简称"西洽会"），中国商务部、水利部、国务院国资委、中国侨联、中国贸促会、重庆市人民政府共同主办。作为中国西部地区国家级国际性盛会，更名后召开五届的西洽会，先后邀请匈牙利、乌拉圭、墨西哥、马来西亚担任主宾国，四川、贵州、陕西、甘肃、宁夏等西部省区担任主宾省。展会品牌价值不断提升，西洽会已成为国家在西部地区的重要外交平台、贸易合作平台和投资促进平台、推动国际国内合作的重要载体，五届西洽会累计实现签约金额近2万亿元。作为西洽会重要组成部分，陆海新通道国际合作论坛已成为服务于东盟国家（地区）和中国西部的国际化、国家级、区域性合作平台，通过沿线国家（地区）共商共建共享，实现通道带物流、物流带经贸、经贸带产业，有机衔接"一带一路"，推动国际经贸合作走深走实，促进加快构建新发展格局。

3.中新（重庆）战略性互联互通示范项目金融峰会（中新金融峰会）已成为重庆金融开放发展的重要标识

作为中新（重庆）战略性互联互通示范项目的标志性项目，由商务部、人民银行、银保监会、证监会、国家外汇局、新加坡贸工部、新加坡金管局以及重庆市政府共同主办，中新金融峰会现已连续举办五届，围绕金融合作、跨境金融、绿色金融、金融科技、金融业务模式创新等领域，已成为推动重庆与新加坡"点对点"金融合作，带动中国西部地区与东盟国家"面对面"互联互通金融开放格局的重要平台。

第八章

新时代建设内陆开放高地面临的挑战

当前国际国内环境、形势正发生深刻变化。全球发展环境不稳定性不确定性因素明显增加，国际产业链、供应链向区域化、本土化深刻调整。经济全球化遭遇逆流，世界进入动荡变革期，保护主义、单边主义上升，世界经济低迷，国际贸易和投资大幅萎缩。国内改革进入攻坚期和深水区，发展不平衡不充分问题仍然突出，重点领域关键环节改革任务仍然艰巨，改革将进一步触及深层次利益格局的调整和制度体系的变革，改革的复杂性、敏感性、艰巨性更加突出。新形势下，重庆建设内陆开放高地仍面临着诸多风险挑战。

一、国际挑战

当今世界正经历百年未有之大变局，新一轮科技革命和产业变革深入发展，国际环境、形势正发生深刻变化。世界进入动荡变革期，不稳定性和不确定性明显增加，新冠肺炎疫情影响广泛深远，经济全球化遭遇逆流，单边主义、保护主义、霸权主义对世界和平与发展构成威胁，建设内陆开放高地将面临更加复杂的国际环境。

（一）全球化逆潮对新一轮全球化的挑战

1.单边主义的抬头

美国推行"美国优先"战略，大力推行实用主义、单边主义，以其世界第一的综合实力将原有世界经济治理体系打破，也对中国的全球治理新理念新方案构成了严重干扰。欧盟、日本以及其他经济体虽然对美国的单边主义有一定的抵触情绪，但忌惮于美国在全

131

球价值链中的控制地位和超强的综合国力，却又不得不继续保持与美国的合作。

2. 发达国家推动制造业回流

为了应对经济社会出现的新问题，美欧日等发达国家推出了制造业回流计划，高端制造业一定程度上回流向了发达国家。加上美联储连续加息，刺激了国际资本向美国的回流。制造业回流导致原有国际产业分工体系出现了收缩，发达国家在整个产业链、供应链、价值链占据更多的份额，发展中国家承接国际分工的机遇将会减少。对于新兴经济体来说，仍然停留在国际产业分工低端，失去了承接国际分工的机会，将会对国内经济发展、产业升级、就业、资本流入等造成一定程度的冲击，加剧经济困难局面的出现。

（二）中美"修昔底德陷阱"的挑战

1."修昔底德陷阱"

"修昔底德陷阱"指新兴大国倾向于挑战守成大国的霸权地位，而守成大国一定也会回应这种挑战，于是两个国家的战争将不可避免。2015年，艾利森在《大西洋月刊》发表文章《修昔底德陷阱：美国和中国在走向战争吗?》，对中美之间是否会陷入修昔底德陷阱进行了论述。随后，在2015年中国和美国举行的元首会谈中，美国总统奥巴马表示，虽然中国崛起给美国带来了结构性压力，但"两国都有能力解决分歧"；习近平总书记更是表示，世界上本来没有修昔底德陷阱，但是由于大国之间发生的战略误判，导致人为出现了修昔底德陷阱。

2. 中美战略竞争的升级

自从特朗普政府执政以来，美国不断打破战后国际秩序和经济关系，推动美国外交和经济政策全面转向"美国优先"，从多边主义转向单边主义，并不断付诸实际行动。在"美国优先"的霸道逻辑下，过去十年，美国一直以各种借口针对中国采取贸易保护主义措施，从产品延伸到技术，从单边制裁延伸到拉帮结派的"友岸外包"，导致中美贸易摩擦不断升级，中美之间的贸易受到明显影响，美国从中国最大贸易伙伴下滑至东盟、欧盟之后，中国从美国的第二大贸易伙伴跌至第三，落后于加拿大和墨西哥。目前，中美贸易摩擦已升级至贸易、科技、金融、外交、地缘政治、国际舆论、国际规则等全领域。

（三）价值链高低两端的挑战

1.价值链低端发展中国家的竞争

改革开放以来，中国凭借廉价的劳动力、低廉的土地资源、宽松的环境及资源环境、稳定的国内发展局面，吸引外来投资大量涌入，使中国嵌入全球产业链价值链。随着中国经济快速发展和国内宏观环境变化，中国经济发展要素条件发生了根本性变化：中国劳动力刘易斯拐点已经出现，人口红利消失，劳动力价格迅速上涨，相对于其他发展中国家已经不再具有优势；土地要素价格过快上涨，房地产市场过度繁荣，使得投资设厂土地成本居高不下；环境污染问题严重，相对于很多发展中国家，资源环境约束对经济发展形成了很强的制约。因此，相对于亚非拉等发展中国家，中国在全球产业链、价值链的低端已经不再具有明显竞争优势，面临着发展中国家的严峻挑战。

2.价值链高端发达国家的竞争

中国通过近四十年对发达国家先进科技和管理水平的学习借

鉴，在5G、高铁、核电、特高压输变电、互联网等领域取得了很大进展。然而，以美国为首的西方发达国家不甘心将全球科技的制高点和产业链、价值链的高端拱手让人，因此加强了对中国的科技封锁和强势打压。除了推动制造业回流，加强高端制造竞争力外，还开始直接打压中国高科技企业，比如华为事件、中兴事件。总体而言，中国在高科技领域与美欧日等发达国家相比还处于弱势地位，如果美欧日等发达国家全方位展开对中国科技领域的打压和封锁，在产业链、价值链进行严酷竞争，将会对中国实现对发达国家的赶超、实现向全球价值链中高端迈进造成严重困扰。

二、国内挑战

中国已进入高质量发展阶段，社会主要矛盾已经转化为人民日益增长的美好生活需要和不平衡不充分的发展之间的矛盾，随着人民对美好生活的要求不断提高，消费对经济发展的基础性作用进一步彰显，国内大循环将成为国民经济的强大支撑，但同时，经济发展也面临结构性、体制性、周期性问题相互交织所带来的困难和阻碍，为建设内陆开放高地形成了较大的挑战。

（一）经济基础不牢固

1.制造业缺乏核心技术支撑

目前，中国制造业仍然是大而不强，在关键基础材料、核心基础零部件、元器件、先进基础工艺等方面还很落后，所需要的技术对外依存度较高，关键核心技术受制于人。据工信部对中国30多家大型企业的调查，中国目前所需要的130多种关键基础材料中32%的仍然没有能力生产，52%还要依赖进口，芯片中绝大多数计算机和服务器通用处理器、95%的高端专用芯片、70%以上智能终端处理器以及绝大多数存储芯片都要依赖进口。在装备制造领域，中国在高档数控机床、高档装备仪器、运载火箭、大飞机、航空发动机、汽车等关键件精加工生产线上95%以上制造及检测设备都要依赖进口。

2.服务业发展质量不高

目前，中国服务业发展水平还不是很高，产业结构与高收入国家相比差距明显，与一些新兴经济体相比也处于落后地位，在国际服务贸易中处于被动地位，贸易逆差居高不下。在服务业结构方面，传统服务业还占据主要部分，现代服务业等生产性服务业还明显发育不足，服务业与其他产业的关联效应不够明显，生产性服务业在制造业中间投入的比例与发达国家相比还很落后，不能为制造业的转型升级提供有力支撑。而在生活性服务业上，健康、养老、医疗等服务业供给不足、质量较低，不能有效满足人民对美好生活需要。

（二）投资保障机制不健全

1.处理国际政治社会风险能力不够

随着中国投资的扩大，在不同国家经常会碰到不同的政治社会风险。中国对外投资的相当一部分是在发展中国家，而很多发展中国家政局不稳、局势动荡，民族矛盾冲突尖锐，外来投资由于打破了当地政治社会生态平衡，很容易成为矛盾交汇的焦点。一旦发生局势的剧烈变化，前期投资就会血本无归。同时，由于中国公司缺乏国际化的经验，过于注重与当地政府的关系，而忽略了与当地民众的沟通，因此在利益矛盾复杂地区中国所投资的项目容易受到当地民众的抵制，实践中中国公司有不少类似的经验教训。

2.对外投资保障机制不健全

由于保障机制不健全，中国企业在"走出去"的过程中遇到问题很难顺畅解决。比如，在境外融资难上，中国海外项目很难得到当地银行的支持，但中资银行在海外的网络体系尚不发达，很难提供有效支持；加之，由于中国所投资的多是基础设施、产能合作等风险性较高的项目，银行提供贷款的意愿和动力不强。又比如，在保险服务上，由于中方投资的多是风险较高的项目，中资保险公司一般不愿意承保，即使同意承保也提出很高的费率，国内企业很难承受。没有保险的保障，国内企业对外投资的积极性就会有所降低。

（三）海外权益保护体系不完善

1.保护手段过于单一

目前，中国海外权益保护主要依靠领事保护，而领事保护主要依靠所在国的协助和支持，而一旦所在国政府没有能力提供协助的时候，中国的人员和财产安全就会受到严重威胁。另外，中国驻外领事馆和领事人员增长速度跟不上日益扩大的海外利益，致使很多海外权益不能及时得到维护。中国对于军事保护手段的使用是非常慎重的，即使使用一般也只用于人员安全，而很少用于对财产的保护。虽然近年来在联合国和国际组织框架下派出了一些军事力量，但总体而言中国的全球军事存在还不能满足海外利益的保护需要。

比如，在亚丁湾护航的中国舰队基本不使用军事武力，在航行的过程中基本不停靠沿途港口，导致护航舰队的后勤补给存在很大问题。

2.保护重人员轻财产

近年来，中国海外权益保护相对更注重人员保护，而对经济利益保护则明显不足。以往发生的几起大规模撤侨事件，对人员的保护比较到位，而对财产的保护则比较薄弱。这种现象的出现一方面说明生命权高于财产权，另一方面说明中国保护机制和保护能力还存在很大不足。

（四）资源安全问题不容忽视

1.资源利用效率不高

以往中国粗放式的发展，造成了资源能源的巨大浪费和生态环境的不断恶化，资源利用率和发达国家相比存在很大差距。发达国家通过不断提高技术创新水平，发展循环再利用技术和开放应用替代产品，逐渐降低对资源的消耗量，提高对资源的利用效率，取得较好的成效。相对而言，中国对资源的利用还存在技术含量不高、浪费严重等情况。

2.资源供应存在问题

从国内看，中国部分战略资源储量严重不足，尤其是关键的油气资源已经很难满足经济发展和人民生活的需要，严重依赖进口。从外部看，由于中国对资源的巨量需求，且因中国对资源的供应没有话语权，中国陷入了"买什么什么贵、卖什么什么便宜"的怪圈。以铁矿石为例，中国购买了世界绝大多数铁矿石，由于国际资本的对铁矿石资源的控制，中国不得不接受较为高昂的价格，但所产出的钢铁销售价格却非常低廉，钢铁冶炼企业只有微薄的利润。同样，中国石油资源的对外依存度居高不下，成为影响中国经济的"达摩克利斯之剑"。

第九章

加快建设开放通道体系

积极主动服务国家战略，推动重庆更好地在西部地区带头开放、带动开放。大力推进以西部陆海新通道为牵引的开放通道扩容提质增效，着力打造"通道+"经济，促进通道与经济融合发展一体驱动，实现通道带物流、物流带经贸、经贸带产业的良性循环。

一、提升通道发展能级

持续推进开放通道建设，构建统筹东西南北四个方向、铁公水空四种方式的开放通道体系，形成"一带一路"和长江经济带在重庆贯通融合的格局，打造通道畅达、辐射内陆、联通全球的国际门户枢纽城市。

（一）高水平建设西部陆海新通道

加快实施建设西部陆海新通道五年行动方案，力争在通道物流运输能力、与通道沿线地区经济协同发展、通道贸易规模、通道服务效率、以数字赋能推动内外资源整合等方面实现新突破。

1. 构建高水平互联互通基础网络

织密通道综合立体交通网络，提升综合立体交通内畅外联水平，加快推进西部陆海新通道重庆—北部湾走廊、重庆—滇中走廊、重庆—成都—拉萨走廊、重庆—兰西—天山北坡走廊、重庆—宁夏沿黄交通走廊、重庆沿长江交通走廊及空中走廊等"七大交通走廊"建设。完善"一主两辅多节点"枢纽体系，加快推进铁路、高等级公路等基础设施建设，加快形成国家物流枢纽为引领、区域性物流节点为支撑的多层级物流枢纽节点体系。

2.进一步优化拓展国际物流线路

拓展国际铁海联运、国际铁路联运、国际公铁联运、跨境公路运输等多元化国际物流组织。实施班列班车倍增计划，加密开行至北部湾港、湛江港、洋浦港等铁海联运图定班列和中老、中越等国际联运班列，培育开行至缅甸、泰国等东盟国家的国际公铁和铁铁联运班列。充分利用《大湄公河次区域便利货物及人员跨境运输协定》（GMS便利运输协定）和国际公路运输系统（TIR系统），开展跨境公路直达运输。推动开行重庆与西部陆海新通道沿线及周边城市直达班列、班车、班轮。密切与东盟及通道沿线地区经贸和物流联系，促进通道资源联动共享，全面融入中国—中南半岛、孟中印缅经济走廊。

3.着力提升通道物流组织与服务能力

统筹境外枢纽和集货分拨节点建设，建立和完善集装箱共享调拨体系，提升国际物流集散、存储、分拨、转运等能力，加大海外仓、铁路场站、车辆购置等场站设施设备建设投入，部署建设柬埔寨、缅甸、泰国等地境外物流运营体系，推动物流、贸易等领域合作，提升南向货源组织能力和南向国际市场开拓能力。加快通道运营管理服务数字化和通道设施数字化建设，发展数字物流、数字贸易、数字金融、数字信用，实现全流程、多方式、多领域实时可视可控可溯。

4.着力壮大通道经济

创新通道经济、枢纽经济、门户经济、平台经济发展模式，促进通道与区域经济融合发展。加强与粤港澳大湾区和黔中、滇中、北部湾等城市群合作，更好发挥西部陆海新通道连接西部地区和东盟市场的桥梁纽带作用。打造面向东盟的要素集散中心，建立重庆东盟农产品集散中心等国际化大宗商品交易市场，持续完善钢材、有色金属、煤炭、塑胶颗粒、铁矿石等大宗商品期现货市场。扩大重庆石油天然气交易中心交易规模。

（二）拓展中欧班列（成渝）号功能和网络体系

促进内陆地区全面融入新亚欧大陆桥、中巴经济走廊，建成我国与欧洲、中亚、西亚等地区相互促进、相互循环的重要战略通道。

1.统筹完善亚欧通道，丰富拓展国际运营线路

构建覆盖亚欧大陆"1+4"国际运输线路网。一是优化提升中欧班列主线路。优化西欧主线路布局，推动南通道测试班列组织，降低"跨两海（里海、黑海）"开行成本；开展重庆—白俄罗斯明斯克的去程邮包运输测试，探索跨里海回程运邮；拓展通过伊斯坦布尔海峡经意大利等进入南欧、西欧的铁海联运线路，探索开行法国、西班牙等国家的支线线路。二是开拓四大区域国际线路。依托欧亚大陆桥铁路网，积极开发东欧、中西亚、东亚方向线路，根据泛亚铁路网建设情况，积极开展东南亚方向线路探索。常态化开行重庆—捷克/匈牙利班列，织密中欧班列（成渝）在东欧的线路网络，提升服务质量和水平。探索开行重庆—哈萨克斯坦等中亚五国、伊朗、土耳其等铁海联运试运行班列，适时开行重庆—乌兹别克斯坦、土库曼斯坦、阿塞拜疆、格鲁吉亚、土耳其等铁海联运班列。优化提升重庆—越南班列线路，依托中老、中缅、中泰铁路建设，常态化开行重庆—磨憨—老挝（万象）班列，探索开行重庆—临沧、瑞丽—缅甸（皎漂港）班列。夯实重庆—韩国—日本铁海联运线路，实现与日韩地区更高水平互联互通，让欧洲与东亚贸易往

来更加便捷。

2.持续提高通道物流组织效率

以中欧班列运营平台公司为主体，打造供需对接服务平台，加强通道货源组织，优化班列线路班次，在提高对周边区域资源整合和辐射能力的基础上，稳步扩大开行范围。发挥重庆国际物流枢纽园区的支撑作用，加强与西部陆海新通道、长江黄金水道、航空大通道间的服务对接，增加物流服务选择，形成通道物流网络化协同和规模放大效应。加强与区域网络衔接，扩大通道辐射范围。加强成渝地区中欧班列合作共建，继续深化市场拓展、线路优化等合作创新，联合开展至俄罗斯、波兰等线路竞争性谈判，推进共建班列定价协商合作机制，增强中欧班列（成渝）竞争力和引领力，带动两地通道与物流、贸易、产业的融合发展。

3.持续提升中欧班列（成渝）运营水平

一是构建现代国际物流供应链体系。加大对电子信息产品、汽摩整车及零配件、高端装备、药品和医疗器械、高端百货等商品的进口规模，实现班列双向均衡和价值增值，开展3C类产品、笼车等运输试点。二是探索推动海运和铁路集装箱共享调拨机制，提高用箱循环周转率。依托中欧班列（成渝）班列国际国内运营线路、重要枢纽节点、货源地，加快推动集装箱国际国内提还箱节点体系布局，推动去回程国际班列集装箱循环体系和国内集装箱循环调拨体系建设。三是提升服务能力。打造可视化信息平台，推进"区块链+跨境金融"及铁路提单物权化的创新应用，积极申报陆路启运港退税试点。加快推进中欧班列信息化建设，建立信息平台，打造丝路数字班列。依托大数据、物联网等现代信息技术，加快物流信息管理系统、物流信息服务系统建设，提升物流运营管理的信息化、智能化水平。开展供应链大数据服务和物流大数据服务，打造国际物流平台运营商。

（三）优化畅通东向开放通道

1. 提升长江上游航道通航能级

按照一级航道标准完成朝天门至涪陵段航道整治，推进长江干线宜宾至重庆段等航道整治前期工作，提升长江上游航道整体通航能力，实现5000吨级船舶全年满载通航至主城朝天门；加快推进嘉陵江航道梯级渠化工程项目建设，建设嘉陵江通航建筑物联合调度中心，实现全线梯级联合调度；加快推进乌江白马航电枢纽工程等项目建设，进一步提升乌江通航能力；加快推进渠江、涪江、岷江、金沙江航道建设，积极推进小江航道能力提升、三峡库区重要支流航道泥沙累积性淤积整治疏浚等研究论证。

2. 畅通沿江综合立体国际物流大通道

发挥长江黄金水道大运量、低成本优势，加快构建以江海联运为主，铁海联运、公路运输为支撑的沿江综合立体物流通道。推动长江上下游港口深化合作，完善集散分拨体系，创新江海联运模式和机制，加强陆水和铁海联运、港口协同，构建通江达海、首尾联动的沿江综合立体国际开放通道，形成沿江国内国际双循环高效链接的发展格局。加快推动渝宜高铁、渝湘高铁黔江至吉首段等重点高铁项目，加密沪渝直达快线、渝甬班列，推动实施长江三峡新通道工程，进一步扩大国际物流运作规模，提升通道综合服务能力。

3. 推动长江黄金水道挖潜增效

以建设长江上游航运中心为牵引，整合沿线重点港口资源，强化港口分工协作和集约发展，加快建设结构合理、功能完善的港口集群；加快完善以港口、沿江物流园区和产业开发区为节点的集疏运体系，开展大宗商品和肉类等进出口商品国际物流组织，培育具有规模增量的物流业务。

4.拓展创新运输组织模式

提高航运干支线集成能力，坚持大船配大线，对接重庆至长江下游大型集装箱船干线班轮、大型干散货船，拓展延伸主要支流航道，发展至上游宜宾、泸州以及乌江、嘉陵江等通航支流上各港口的集装箱、干散货航运支线，加强干支线班期对接、港口作业衔接，形成整体服务系统，打造水水中转枢纽。密切与长三角地区的物流联系，开展产业链深度合作，加快推进重庆至上海洋山港集装箱、重庆至宁波港干散货江海直达船型和运输组织。探索江海直达联运，推广应用130米标准型船舶，持续提升三峡大坝船闸通过能力和效率。

（四）挖掘渝满俄国际铁路班列潜能

1.拓展和提升中蒙俄国际物流通道

加快郑万高铁建设，新开工渝西高铁，提升与京津冀、关中平原等城市群的高铁直连水平。发展壮大渝满俄国际铁路班列，增强与中蒙俄经济走廊的联通能力，加快境外集结点和分拨中心建设，延伸覆盖网络，增设境外集结分拨点，强化沿线货源组织集结，拓展渝满俄国际铁路班列辐射范围。提升渝满俄国际铁路联运便利化水平，推动中俄两国铁路建立基于中欧班列的统一标准，提升运输时效，推广关铁通测试等创新项目。开行至京津冀地区的铁路班列、冷藏班列等。深化与满洲里海关协作，持续提升通关便利化水平。

2.丰富货源品类

优化运输货品结构，探索开行更多货物品种公共班列。培育发展俄罗斯、白俄罗斯往返邮包运输，扩大国际邮包运输增量。探索建设中俄商贸物流合作园区，打造境外集采平台和货物集散中心。推动成渝两地运营平台公司同俄罗斯生产制造企业和产业园区运营方合作，搭建物流、贸易、投资一体化服务平台。

（五）构筑覆盖全球主要地区的国际航空网络通道

1.构建高质量、高效率的国内直达和枢纽中转航线网络

完善国内航线网络服务体系，增强与华北、华东、中南地区重点枢纽机场的联系，强化枢纽机场快线业务，巩固提升我市至北京、上海、广州、深圳等地的精品商旅快线市场。扩大市场腹地，完善和加密西南地区干支线机场航线网络的衔接，提升高原航线网络的通达性和连接度，打造西南地区的中转枢纽；构建旅游环飞航线，促进"航空+旅游"的融合发展。探索川渝串飞航线，加强空运市场和政策协同。

2.加快完善国际航线网络布局

以国际直达为重点加密和拓展国际及地区航线，重点突出连通国际商务城市、国际旅游城市、国际新兴市场，增强航空全球连接能力。建设欧洲—重庆—东南亚、东北亚—重庆—非洲、南亚—重庆—北美三大中转通道，打造航空基地，提升辐射能级。结合国际航空市场恢复情况，稳步拓展东南亚、东北亚地区的新航点；积极争取航权资源，依托国内航线网络资源，构建华北、华东转东南亚，西南转东北亚的国内国际中转联程网络；立足成渝腹地市场需

求，加强洲际精品航线网络建设，稳定并加密欧美航线；积极融入共建"一带一路"，增开我市至意大利、英国、丹麦、荷兰、白俄罗斯、匈牙利等国家的新航点。

3.持续深化中新（重庆）航空合作

一是推进渝新航空客运公交化运行。积极争取中国民航局、新加坡交通部等支持，鼓励有条件的航空公司开通"重庆—新加坡"直达航线，持续加大渝新航线客运能力建设，推进"渝新快线"公交化运行。依托中新（重庆）战略性互联互通示范项目合作平台，推广通程航班模式，开发一站式、多样化的联运产品。二是打造渝新航空运输多元化格局。加强国际干线与国内支线航线网络的深度融合，构建以渝新航线为主动脉、国内支线航线为毛细血管的航线网络体系。积极推动开通"重庆—新加坡—东盟10国"联程航线，拓展航权资源，用好用足重庆和新加坡两地的国际航线网络资源，强化联通欧美等全球主要经济体的战略性国际航线。

4.畅通全球主要地区的航空物流大通道

依托江北国际机场和重庆新机场，积极融入共建"一带一路"，开发国际（地区）货运航线。完善航线网络战略布局，推进全货机航线网络纵深发展，进一步拓展欧洲、北美、中亚、东南亚、东北亚、澳洲等地区的国际航线，加密现有定期货运航班，增加经停和串飞航点；加强与临时执飞货运航班的航空公司合作，争取转变为定期航班航线，构筑覆盖全球主要航空枢纽的航空货运网络。推广应用第五航权，开发商务航线和直达航线，用好国际客机腹舱运力资源，支持国内国际航线"窄改宽"，拓展航空中转业务，持续做大航空中转，为重庆高端制造、跨境电商等产业扩张提供支撑。

二、提升物流组织运营水平

提升国际物流要素组织能力、现代化国际供应链智慧化水平，加速资源要素集聚，强化通道运营组织中心能级，形成强大的跨区域中转、集散和分拨功能，提高重庆在国际供应链中的地位。

（一）充分发挥西部陆海新通道物流和运营组织中心作用

1. 强化多层级合作共建

积极对接西部陆海新通道建设省部际联席会议、西部陆海新通道班列运输协调委员会，争取国家层面给予基础设施建设、产业协同发展、通道运价下浮等政策支持。协调沿线省（区、市）形成相互衔接、互补共促的政策协同机制。推动商务部陆海新通道建设合作中方工作机制秘书处在重庆常态化运行，加强国内国际合作。持续发挥中新共建陆海新通道高官会中方秘书处协调作用，带动西部地区扩大与新加坡合作。拓展通道共建合作空间，推动中东部地区积极融入西部陆海新通道建设。

2. 强化宽领域协同联动

用好西部陆海新通道省际协商合作联席会议机制，增强通道运营组织中心协调服务能力，牵头办好年度西部陆海新通道省际协商合作联席会议及其办公室会议，强化沿线省（区、市）重大事项、重大政策协同联动，深度融入全国统一大市场建设。牵头绘制通道沿线优势"产业链图谱"，制定产业发展策略，促进区域产业结构优化升级和跨区域经贸合作。

3.强化跨区域高效运营

完善运营组织体系，健全服务体系，提高物流、贸易、产业、金融、数据等专业服务水平，持续壮大跨区域综合运营平台，按照"统一品牌、统一规则、统一运作"原则，提升陆海新通道运营有限公司共建水平，推动跨区域综合运营平台实现"13+2"省（区、市）全覆盖，同步成立专业化公司和海外公司，打造具有国际影响力的西部陆海新通道运营品牌。深化通道重庆区域运营平台与各区县合作，建立"一区（县）一策"个性化服务机制，为全市重点产业、企业提供定制化供应链服务，打造示范标杆，建成投用主城都市区、渝东北、渝东南服务基地。

4.增强通道运营和组织中心核心功能

凝聚发展合力，统筹优化基础设施布局、结构、功能和系统集成，大力提升通道运营和组织中心统筹协调能力、资源配置能力、区域服务功能。推动国际贸易新规则新标准制定，大力推广多式联运"一单制"应用，探索贸易物流金融新规则。推进重庆市物流信息平台建设，推广国际贸易"单一窗口"西部陆海新通道平台应用，建立通道数据池，建设区域性大数据中心，强化通道信息咨询功能，提升西部陆海新通道指数影响力。推进陆海新通道国际交流合作中心、消费体验中心、区域性贸易结算中心、国际经贸法律商事服务中心建设，完善国际金融、法律、人才、安全等服务保障机制。

（二）建设中欧班列集结中心

1.加快形成"干支结合、枢纽集散"的高效集疏运体系

构建以重庆国际物流枢纽园区、果园港为枢纽，万州、江津、

涪陵、长寿、巴南等区县为节点的中欧班列集结中心体系。强化长江经济带及周边地区货源组织，加强与上海、江西、河南、贵州以及威海、厦门、宁波、青岛等区域合作，织密国内通道辐射网络，开展班列集结、集拼集运等服务和业务，提升货物集结效率。深化与岳阳、喀什、伊宁等战略合作，强化区域联动。

2.加快实施中欧班列集结中心示范工程

优化中欧班列（成渝）运行机制，完善通道运行网络，实现集结点、代理、运输、仓储、信息等资源共建共享，统筹优化去回程线路、运力拓展运输产品品类及运输范围，推动境外运控中心、海外仓等建设，加快推动自有集装箱共享共用、境外线路代理选聘、价格联盟等事项，构建中欧班列（成渝）"统一发展、提质增效、创新融合"新格局，巩固中欧班列（成渝）第一品牌地位。

3.优化布局线路和境内外集散分拨点

加速布局完善境内外分拨点和仓储中心，构建中亚、西亚、欧洲沿线物流集结和分拨配送中心，形成"通道+境内外物流节点"的网络化班列运作模式。加强成渝地区海外服务和贸易物流资源共享，推动重庆中欧班列在德国杜伊斯堡等海外仓扩容提质，逐步完善成都中欧班列波兰马拉运控中心功能，巩固提升既有海外仓境外分拨能力。鼓励中欧班列运营平台按照市场化原则参与俄罗斯、白俄罗斯、匈牙利、波兰等主要节点境外海外仓、集散分拨中心建设，优化配置物流中心、还箱点等配套资源，提升集散能力和物流组织水平。

4.推动集结中心与产业融合发展

推进运贸一体化建设，积极争取进出口新能源整车试点，设立进口整车、零部件、药品等国际物流分拨中心，探索建立国际大宗产品集结中心和交易市场。发挥通道品牌价值和规模效益，打造物流供应链服务平台，扩大笔电等产业与物流融合发展的协同效应，延伸契合通道方向的关联产业、产品物流服务链条，提升通道综合服务能力，提升相关产业国际竞争力。提高通道带动产业布局能力，吸引对通道物流服务具有潜在需求的产业沿通道布局，引导原材料、零部件等上下游产业就近配套，提高产业布局集中度，增强对通道运行的市场需求支撑。

（三）打造长江上游航运中心

1.强化长江上游港口枢纽地位

充分利用重庆区位条件、设施能力和腹地支撑优势，全方位提升果园港、万州港、涪陵港、珞璜港等长江上游港口枢纽的综合服务能力，完善港口集疏运体系，夯实现代航运服务发展基础。有序稳妥推进港口资源整合，加快淘汰一批老旧散小低效码头。推动组建长江上游港口联盟，加强港口分工协作，打造要素集聚、功能完善的港航服务体系，强化供应链集成能力，提高与区域经济融合发展水平。

2.提升现代航运服务能级

建设长江上游航运服务集聚区，引导航运交易、航运金融、人才培训、信息服务等现代航运服务业加速集聚，打造长江上游航运要素集聚高地。实施智慧长江物流工程，引导港口、航运企业优化航运组织，提高长江过坝效率。密切航运服务与库区重化工业和临港产业布局关系，统筹公共码头与货主码头，打造功能强大的库区航运物流服务供应链。推动枢纽运营企业与航运企业、货代企业、无船承运人等合作，高质量组织开行干线班轮运输服务，整合干支配业务。加强与周边省区市合作，推动上游港口货物在重庆枢纽港散改集、小转大，在下游主要港口集拼转运。

3.构建长江上游航运物流系统

围绕长江上游及川渝沿江地区产业、贸易内循环流通体系，充分利用坝上深水航道资源，依托重庆港口型、生产服务型国家物流枢纽和后方物流枢纽设施，联动长江上游川渝两地内河航运，全面提升枢纽、港口及航运平台组织能力，挖掘长江上游航运物流需求，打造供需精准对接、设施组织服务一体发展的长江上游航运物流系统。结合区域产业、贸易对不同物流组织需求，开行港口间直航货轮，创新协调联通主港、喂给港的快速集装箱班轮模式，探索滚装运输，提供定制化船型、开行定制化班轮等快速内循环个性化服务，提升内循环航运物流效率。

三、提升多式联运能力

以提升多式联运发展水平，优化调整运输结构、减少运输中间环节、完善服务体系、推动技术装备升级，促进物流降本增效为核心，加快构建便捷经济、安全可靠、集约高效、绿色低碳的多式联运体系，打造"一带一路"、长江经济带、西部陆海新通道联动发展的战略性枢纽，提高重庆参与全球资源配置能力和整体经济效率，放大通道带物流、物流带经贸、经贸带产业的"乘数效应"。

（一）建设多式联运示范工程

1. 加快推进国家和市级两级多式联运示范工程建设

高标准建设渝新欧多式联运示范工程、国际陆海贸易新通道集装箱多式联运示范工程、重庆果园港服务长江经济带战略铁水联运示范工程以及重庆珞璜与万州港"双港联动、铁水一单、干支衔接、集散转换"多式联运示范工程等国家级多式联运示范工程；持续开展市级多式联运示范工程建设，加强果园港和新加坡港"双枢纽港"联动。依托铁公水空，通过铁海联运、铁铁联运、江海联运、公铁联运、公水联运、空铁联运等运输模式，建设具有物流资源高度集聚的数字化多式联运体系。

2. 深化多式联运区域交流合作

完善中欧班列（渝新欧）、西部陆海新通道、长江黄金水道等出海出境大通道的多式联运建设，完善跨区域、跨部门协同联运机制，加强与通道沿线国家的交流合作，协调解决多式联运和物流运输环节出现的重大问题。加强成渝地区国家物流枢纽建设，联合打造国家多式联运示范工程。加快建设重庆内陆国际物流分拨中心、成都"一带一路"国际多式联运综合试验区，提高成渝地区重要港口、站场、机场的路网通达性。加强物流协作，联动两地支点型物流节点，协同建设综合货运枢纽多式联运换装设施与集疏运体系，强化空铁公水联运组织。

3. 提高多式联运衔接水平

一是加快货运枢纽布局建设。加快港口物流枢纽建设，提升港口多式联运、便捷通关等服务功能，合理布局内陆无水港。完善铁路物流基地布局，完工鱼嘴站南货场，加快建设南彭、龙盛、古路站货场扩能改造等铁路货运枢纽。研究布局高铁快运基地，推动铁路站场向重点港口、枢纽机场、产业集聚区等延伸，合理布局"铁路无轨站"，前置铁路运输服务。有序推进重庆江北国际机场改扩建，加快推进重庆新机场前期工作，强化枢纽机场货物转运、保税监管、邮政快递、冷链物流、药品检验检测等综合服务功能。二是完善港区、园区集疏运体系。加快完善规模化港区集疏运铁路规划，做好铁路用地规划预留控制。加快推进港区园区集疏运公路扩能改造，加快建设重庆国际物流枢纽园区、丰都水天坪、忠县新生等港区园区集疏运公路。挖掘既有铁路专用线潜能，完善共建共用机制。

（二）推动多式联运服务规则衔接

1.进一步健全多式联运服务规则和标准体系

完善国际多式联运协调机制，加强国际多式联运组织和设施设备的技术标准、信息资源、服务规范、作业流程等有效对接。推动不同行业、运输方式和企业间服务规则衔接，鼓励探索制定以铁路为主干的多式联运票据单证格式、运费计价规则、货类品名代码、危险货物划分、包装与装载要求、安全管理制度、货物交接规范、报销理赔标准等方面地方服务规则。积极对标国际规则，创新国际陆路贸易新规则，全面推广应用多式联运"一单制"，完善多式联运单证标准规则和法律体系，探索开展基于多式联运"一单制"的单证、金融、保险服务，创新贸易物流金融，探索多式联运单证物权凭证功能试点和多式联运单证电子化应用。推动制定修订物流装备设施数字化、智慧化相关标准。推动西部陆海新通道冷链集装箱运输标准上升为国家标准。

2.大力推广标准化运载单元

提高内陆市场运输的集装箱化水平，积极引导和鼓励标准化、集装化、厢式化运输装备换代升级，推广应用标准托盘、标准周转箱（筐）等物流载具，鼓励发展带板运输，大力推动散货入箱的"散改集"业务，发展绿色节能的联运业务。推动跨区域、跨运输方式的集装箱循环共用系统建设，降低空箱调转比例。引导和培育集装箱、半挂车以及托盘等多式联运设备租赁市场发展，推进运载单元共享共用、循环利用。积极参与国家铁路快运、空铁（公）联运等技术装备的研发与应用。鼓励研发推广冷链、危险化学品等专用运输车船。积极推广使用冷藏集装箱、粮食专用箱、罐式集装箱等专业设备。加快长江干线江海直达船型以及嘉陵江、乌江等支流标准化船型研发应用，推动建设航运装备产业集群。推动新型模块化运载工具、快速转运和智能口岸查验等设备研发和产业化应用。

3.推进多式联运信息资源互联互通

一是打造统一的多式联运信息平台体系。推进政府部门、运输企业、重点物流园区、企业平台资源整合，依托智慧口岸物流平台、国际贸易"单一窗口"等平台体系，打通物流在多种运输方式、物流各环节的信息壁垒，打造全市统一的多式联运信息平台体系，实现物流信息互通共享，提高物流运行效率。二是完善各运输方式间的信息互联互通。深入研究信息共享需求、信息开放清单、信息互联方式等实际问题，通过多式联运信息平台和区块链、大数据等数字科技应用，打通物流在各运输环节的信息壁垒，实现铁公水空物流信息共享，提高物流运行效率。

4.深化重点领域改革

一是深化"放管服"改革。加快构建以信用为基础的新型监管机制，推动多式联运相关数据安全有序开放。深化地方铁路货运市场化改革，建立统一开放、竞争有序的运输服务市场。二是规范重点领域和环节收费。建立健全灵活的铁路运价动态调整机制，引导铁路运输企业与大中型工矿企业签订互保协议。规范地方铁路、专用铁路、铁路专用线等管理维护、运输服务等收费标准。严格落实清理规范港口经营服务性收费相关规定，推动水运系统减税降费，提升各类运输产品市场化水平。三是建立健全地方性法规制度和综合货物运输监测体系。应用多式联运枢纽设施、装备技术、市场规则等成熟经验，加强与国家法律法规体系、国际国内规则的衔接，全面建立综合货物运输监测体系，发布综合货物运输价格指数，科学评估运输服务运行动态。

（三）丰富多式联运服务产品

1.丰富运输服务产品

大力发展"铁水联运""水水中转"、滚装运输。稳定运行"沪渝直达快线"，鼓励舱位互换、班轮共享。推动西部陆海新通道增线扩能，稳定开行重庆至北部湾等铁海联运以及重庆至越南、老挝等国际铁路联运班列，推进中欧、中亚班列扩容提质，稳定开行渝甬班列，适时开行国内直达、集装箱、点对点班列等多样化运输产品。大力发展铁路快运，推动冷链、危险化学品、国内邮件快件等专业化联运发展。引导铁路运输企业根据运输需求适配铁路集装箱和集装箱平车，提高共用共享和流转交换能力。支持多式联运型港站参与国际开放通道建设。加强与国际道路运输联盟等合作，发展跨境公路运输。支持开行卡车航班，发展陆空联运。

2.着力推进运输结构调整

调整优化运输结构,提高运输组织效率,切实降低社会物流成本。一是大力推进"公转铁"。按市场化原则,加强铁路运输企业与港区园区、生产企业、物流企业开展合作,推动大宗货物和中长距离货物运输由公路向铁路转移。提升铁路运输生产生活物资的服务能力和水平,挖掘铁路场站和线路资源。二是大力推进"铁水联运""江海联运"。鼓励铁路、港口、航运等领域企业加强合作,支持工矿企业、粮食企业"散改集"运输。拓展集装箱"铁水联运"产品,打造2—3条集装箱"铁水联运"品牌线路。推动以集装箱多式联运为重点的中转场建设。优化"江海联运"组织体系,发展江海直达运输。

3.开发多式联运精品线路

一是加快发展铁路直达班列运输。以铁路运输为核心,强化与通道沿线国家和地区的多节点串接,组织各枢纽节点运营主体,集中开展与铁路的服务需求对接,优先推进适应现代产业组织的高质量铁路班列发展,加快推进货运列车的客运班车化开行和高铁货运,提高铁路干线运输服务水平。二是深入推进国际铁海联运。强化铁路班列运行与北部湾、长三角、珠三角等沿海区域重要港口的国际班轮船期高效对接,推动通关一体化。依托广西北部湾港、广东湛江港、海南洋浦港等港口以及后方物流枢纽设施,提高铁海联运服务水平。三是推动发展国际铁路联运与公铁联运。发展中南半岛方向国际铁路班列服务,加强与凭祥、磨憨以及瑞丽等陆上边境口岸物流枢纽联动,积极推进两地海关联动,提高通关便利化,提升国际铁路联运服务水平。依托边境口岸,提高换装效率,积极发展国际公铁联运。对特定商品谋划班线班次加密与服务提质,探索重庆至东南亚、中亚等地区跨境公路直通。四是拓展黄金水道多式联运。以沿江综合立体物流通道为载体，发展内河航运、江海或铁水联运、铁路班列，拓展集装箱水水中转业务，开发公共支线，降低社会物流成本，提高产业竞争力。五是提升航空通道组织能力。加强国内支线与国际干线物流运作协同，提升中转航空货运组织能力与比例，加快培育空中中转、陆空联运模式，打造国际航空中转集结中心。

四、提升物流枢纽和口岸功能

突出多项战略叠加优势，全面推进内陆国际物流枢纽和口岸高地建设，构建辐射带动能力强、现代化运作水平高、互联衔接紧密的物流枢纽网络体系，布局合理、通行便利、治理高效、政策体系和服务体系健全的口岸体系，优化提升资源要素聚集辐射能力，打造具有国际影响力的物流枢纽城市和供应链资源配置中心。

（一）建设高品质国家物流枢纽

1.港口型国家物流枢纽

依托果园港物流园区，完善水运口岸相关功能，补齐多式联运、国际物流等基础设施短板，培育水运、铁水联运等干线大运量业务，扩大商品进口规模，主动融入国际物流枢纽网络。推进洛碛港及后方园区规划建设，做好土地和空间预留，明确承接果园港及临港物流园区功能转移的定位。提升重庆航运和多式联运组织地位，依托黄金水道和铁路干线开展集装箱江海、铁水联运组织，打造西南地区最大的多式联运基地。完善港口型国家物流枢纽综合信息平台航运服务功能，打造长江上游航运中心运营基地，提升航运物流组织化水平。

2. 陆港型国家物流枢纽

依托重庆国际物流枢纽园区、江津珞璜物流园区（远期拓展北碚片区），协同打造陆港型国家物流枢纽。以铁路集装箱中心站为主，发挥中欧班列品牌优势，提升干线物流组织能力，完善铁路口岸功能，拓展保税物流、保税展示、交易结算等功能，扩大汽车整车进口等业务规模，开展区域分拨配送业务，扩大辐射腹地。发挥江津珞璜港和小南垭铁路物流片区设施优势，大力发展铁公水联运组织和区域分拨配送。多片区联动打造国际陆路物流组织中心、区域公铁和公水联运基地。

3. 空港型国家物流枢纽

依托重庆江北国际机场（远期考虑重庆新机场），推动航空物流园区建设，强化与重庆保税港区无缝衔接，完善保税加工、保税物流、保税展示交易及检验检疫配套服务等功能，搭建航空物流信息平台，以大规模进口高端消费品为业务扩张方向，促进重庆临空产业高质量发展，实现航空运输、中转集散、展示交易、国际结算、电商快递物流等高端物流集中发展。以重庆新机场物流功能区为远期拓展区，强化业务协同，打造西部货运枢纽机场。

4. 商贸服务型国家物流枢纽

依托重庆公路物流基地，以跨境公路班车为基础，开展面向东盟及周边的公路运输组织，建设重庆国际商贸物流城，打造面向东盟的贸易服务总部基地。依托秀山物流园区，重点发展快递物流、电商物流、多式联运等，商品交易和物流服务辐射渝黔湘三省市。

5.生产服务型国家物流枢纽

依托万州新田港物流园、涪陵龙头港物流园和长寿沿江现代物流园区,以培育大宗商品、循环资源和临港产业为突破口,提供从原材料供应到产品分销的供应链服务,打造服务西南腹地的供应链服务平台。建设区域大宗商品物流组织中心,开展面向临港产业的保税物流、交易结算、期货交割、分拨配送组织等服务。依托生产服务型国家物流枢纽,建设长江航运库区内循环物流服务系统,支撑库区产业链延伸壮大。

(二) 强化口岸的门户枢纽功能

1.拓展完善开放口岸体系

结合全市口岸优势、通道优势、产业优势,打造"一枢纽、两中心、多节点"的开放口岸体系。推动重庆铁路口岸正式开放,实现主城都市区的重庆江北国际机场航空口岸、重庆港口岸、重庆铁路口岸及重庆公路物流基地组团发展,打造重庆口岸枢纽。推动万州机场口岸正式开放,建设以万州机场、万州港为引领的渝东北口岸发展中心;积极支持黔江机场以适当形式开放发展,构建以黔江机场为支撑的渝东南口岸发展中心,有效衔接渝东南、渝东北地区开放平台协同发展。支持综合条件优越的港口、机场、铁路场站等采取临时开放或建设无水港、保税仓、监管作业场所(地)等方式实现开放发展。

2.构建完善的口岸功能体系

统筹做好指定监管场地申报建设工作,支持具备条件的口岸申报指定监管场地。加快推进重庆江北国际机场航空口岸、果园港口岸综合性指定监管场地和铁路口岸进境肉类指定监管场地建设。在重庆万州机场正式开放后，申报设立进境肉类、水果等指定监管场地，研究支持设立进境免税店。适时推动万州港、涪陵港设立进境粮食、肉类、水果等指定监管场地。做大粮食、肉类、冰鲜水产品、水果等产品进口规模，支持建设若干专业化进口商品分拨中心。进一步做大汽车整车进口口岸规模，重点推进整车装备中心（VPC）和整车售前检测中心（PDI）建设，加快培育汽车后市场，做强汽车整车产业链、价值链、服务链。发挥首次进口药品和生物制品口岸功能，逐步扩大进口药品等相关产业规模。充分发挥重庆铁路口岸国际运邮功能，促进国际运邮产业向重庆铁路口岸聚集。

3. 持续优化口岸营商环境

一是提升通关便利化水平。探索完善"离港确认"模式，实现通关物流并联操作。尊重企业意愿，在有条件的港区推行进口货物"船边直提"和出口货物"抵港直装"，减少集装箱在码头内操作次数，有效降低口岸物流成本。进一步优化口岸通关流程，全面深化"两步申报、两段准入"改革。二是提升口岸综合服务效能。细化公布重庆口岸作业时限标准，巩固提升重庆口岸"7×24小时"通关服务保障水平，确保进出口货物快速通关、快速提离。研究出台口岸方面支持新业态、自贸区发展的措施，研究制定具有内陆地区特色的可复制可推广的跨境贸易便利化政策。三是加强口岸治理体系建设。建立和完善口岸综合绩效评估体系，加强口岸安全联合防控，持续营造公平的市场环境和完善的市场机制。发挥口岸、报关、货代等行业协会作用，引导口岸相关行业规范秩序、优化服务。

4. 加强口岸信息化智能化建设

一是持续提升口岸信息化智能化水平。打造重庆智慧口岸2.0

版，深度应用5G、区块链、人工智能等新技术，实现口岸各方信息互联互通互享和口岸设施设备智能化、作业便捷化、管理智慧化，便利人员和货物快速通关。推动集装箱设备交接单、装箱单、提货单等港航物流类单证无纸化，提升全流程电子化程度。支持有条件的口岸建设全自动化无人码头、铁路场站，提升口岸作业能力。二是充分发挥电子口岸支撑作用。进一步完善电子口岸公共服务平台，协同推进跨部门、跨行业进出口业务信息流、资金流、货物流电子数据集中交换、充分共享、联网核查，有序推进口岸通关作业单证电子化、全程无纸化。强化数据治理和应用，提升电子口岸安全防控和应急管理水平。

（三）建设国际航空门户枢纽

1.加快构建现代化机场体系

推动重庆江北国际机场扩容，加快建设T3B航站楼及第四跑道，提升国际航空枢纽竞争力；加快推进重庆新机场前期工作，确保尽早开工；提升万州、黔江、巫山和武隆机场在机场体系中的地位和作用；开工建设一批市场有需求、资源有保障的通用机场；构建"双枢纽+多支线"的运输机场体系。

2.优化调整地区空域结构

实施空域精细化管理，优化调整航路航线划设方案，提升空域资源利用效率，逐步建立与国际航空枢纽和世界级机场群相匹配的空域格局。推进主要航路能力提升，实现主要方向航班进出单向运行，飞越航路与进离场航线分离。加快推进设立重庆终端管制区，强化空管运行保障能力，建设高度集成的空管业务数据综合管理系统。

3. 搭建航空物流平台

依托重庆空港型国家物流枢纽，打造航空货运组织平台，整合全市机场航线资源，根据细分市场进行航空物流产品整体设计，创建统一品牌，对接分散的航空物流需求，提高物流组织水平。加大与新加坡樟宜机场合作力度，加快建设中新"双枢纽"航空物流运营中心。对接成都航空物流资源，协调线路开辟与班次安排，共同做大做强西南地区航空物流市场，实现成渝地区双城经济圈航空物流网络规模效应。

4. 完善航空枢纽功能

积极培育壮大与国际航空枢纽战略相契合的主基地航空公司，加强战略合作和政策扶持，鼓励主基地航空公司搭建航班波、开设联程联运航线、提升中转效率。引入专业化航空物流企业在渝设立基地，培育壮大全货机航空运输市场，支持企业加密航线网络，鼓励发展客机腹舱带货。聚集快递、电商、跨境电商、冷链等航空物流需求资源，发展专业化航空物流服务，加强供需匹配。强化航空干支中转组织，加强地面衔接物流体系建设，发展对接航空干线的"卡车航班"等服务，打造覆盖西部的航空物流集散分拨中心。

5. 推动临空经济融合发展

结合机场功能定位与空间布局，加强与航空物流设施空间协同，统筹谋划临空产业。促进航线培育与临空产业发展融合联动，依托高品质航空物流服务环境，加速传统产业转型升级，引导高端制造、生物医药、生鲜食品等航空需求型产业集聚，形成航空物流供需互促发展格局。推动航空物流服务深度嵌入临空产业供应链，优化物流组织，拓展特色服务，打造航空物流与临空经济融合发展新范式。

（四）建设国际信息枢纽

1.布局完善新一代信息基础设施

加快5G、物联网等新一代信息基础设施建设，发挥重庆国家级互联网骨干直联点、中新（重庆）国际互联网数据专用通道等项目作用。推动工业互联网标识解析国家顶级节点（重庆）扩容增能，加快重点行业标识解析二级节点建设。积极发展物联网，建设全面覆盖、泛在互联的城市智能感知网络。开展新一代移动通信网络试验验证，实施车联网试点示范建设工程。加快提升传统基础设施智能化水平。

2.探索建立统一标准、开放互通的公共应用平台

建设全国一体化大数据中心体系成渝节点。推动人工智能、大数据、区块链等在政务领域广泛应用，协同布局大数据中心，推进信息基础设施共建共享和新型智慧城市建设，梳理编制政务数据共享责任清单并动态更新，统一规范数据共享申请条件，推动跨部门跨城市横向对接和数据共享。推进川渝"跨省通办"支撑系统与国家政务服务平台"跨省通办"支撑系统融合，依法有序推进政务服务数据面向公共服务机构进行共享。

3.探索打造数字贸易内陆国际枢纽港

提升国内国际信息联通能力，推动数据中心和先进计算资源互联互通和共享。促进数据跨境流动，持续拓展中新（重庆）国际互联网数据专用通道应用场景，推动信息通信合作形成新优势，积极探索跨境数据流动，打造"中新数通"品牌及服务体系，释放中新国际数据通道新动能。建设西部数据交易中心，聚焦解决数据交易确权难、定价难、信任难等交易难点，以交易规则为核心，探索和

完善合规认证机制、市场议价机制、数据训练机制，为市场主体入场交易提供制度保障，激发场内数据交易活跃度，打造集聚西部大数据产业链各节点、各行业数智化协同的枢纽。

4.全面提升数字安全水平

加强通信网络、重要信息系统和数据资源保护，增强关键信息基础设施安全防护能力。深化网络安全等级保护制度和关键信息基础设施安全保护制度。完善重庆和成都重要数据灾备中心功能，建设联合异地灾备数据基地。建设网络安全产业基地，支持开展法定数字货币研究及移动支付创新应用。

第十章

持续打造高能级开放平台

开放平台建设是对外开放的重要引擎,要大力推进开放平台能级提升,打造一批国内外知名的标志性开放平台。

一、统筹开放平台发展

坚持以推动区域协调发展促进开放平台能级提升,统筹考虑开放平台在"一区两群"的布局,促进开放平台布局与"一区两群"发展定位和经济发展水平相衔接,推动各类平台协同发展,形成聚合效应。

(一)优化开放平台布局

1.加强高能级开放平台建设的顶层设计

坚持把高能级平台建设放到高质量发展大局中来规划定位,长远谋划、集中力量、集聚资源、集成政策,不断完善功能体系,增强其服务全市、服务西部、服务全国乃至服务全球的能力,成为瞄准全球、带动全市、示范西部高质量发展的标杆。把平台建设和企业需求作为政府服务指南,加强政策集成,以高层次、扁平化、去行政化工作机制加快推进开放平台体系建设。

2.提升开放平台承载能力

对标对表沿海开放先行地区的标准建设和完善平台基础设施,积极推进智慧园区建设,不断提升开放平台承载大项目、大产业、大集群的能力。瞄准成长起点高、赛道领域新、场景创新强的高端产业和未来产业，加快推动科技成果转化应用，重点引进旗舰型、龙头型、链主型企业，培育打造更多"千亿量级"平台，形成具有国际竞争力的世界级现代产业集群聚集区。提升金融服务实体经济、助力对外贸易的力度和质效，以资本市场的繁荣发展助力开放平台门户功能和国际能级的提升。

3.完善开放平台空间布局和数量规模

积极争取新设国家级开放平台，推动增设长寿等综合保税区，推动铜梁、潼南、涪陵、大足、合川、南川、綦江—万盛等创建国家级高新区，争取在有条件的区域增设保税物流中心（B型）。加快完善果园港国家物流枢纽、重庆国际物流枢纽园区等重要节点开放功能，积极推动万州机场口岸、重庆铁路口岸正式开放。加强开放平台建设储备，建立开放平台梯度升级机制，有序推动市级开发区、市级工业园区等市级开放平台提档为国家级开放平台，在有条件的区县有序设立海关、边检等机构。加强开放平台分类指导，明确功能定位和发展导向，建立考核评价体系，以目标为导向激励开放平台特色化、差异化发展，形成布局合理、功能协调的开放发展格局，切实提高全市开放型经济整体发展质量和效益。

（二）推动开放平台差异化协同发展

1.发挥各类开放平台差异化定位功能

突出战略平台的制度先行先试和政策复制功能；园区平台的现代制造业集聚和创新功能以及功能平台的开放窗口功能。聚焦园区平台核心功能。以国家级高新区、国家级经开区为核心载体，集中布局现代制造业、服务业集群，承担重庆产业迭代升级任务。集聚科技创新要素，提升创新孵化和自主创新能力，建成国家自主创新示范区窗口。依托"两种资源""两个市场",不断提升产业外向度,打造开放引领高地。加快产城融合发展,提升综合服务功能。围绕优化产业发展环境进行制度创新。优化开放平台产业布局,形成各自在全市对外开放体系中的特色定位,实现差异化发展。鼓励开放平台之间在产业链的不同环节分工协作,实现资源优化配置和整体效益最大化。建立健全全市各类开放平台规划衔接长效机制,统筹口岸、通关、物流等开放功能和人才、信息、资本等开放要素科学布局,发挥各类开放平台差异化定位功能,共同打造具有国际竞争力的产业集群,促进错位发展、协同发展。

2.推动各类平台协同发展

补齐基础设施短板,推动平台之间基础设施互通、数据信息共享、产业招商联动、创新政策和成果共用,实现资源共享、互相支撑。完善开放平台运行机制,探索多元化的开放平台运营模式,优化开放平台管理体制和评价考核制度。探索发展口岸经济、"飞地经济",合作建设协同创新平台,建立开放创新政策一体化申报机制。充分发挥国家级开放平台的集聚辐射功能,鼓励向其他市级开发区、工业园区、科技园区、农业园区输出品牌、人才、技术、资金和管理经验,按照优势互补、产业联动、市场导向、利益共享的原则,合作共建开发区,引导各级各类开放平台良性互动发展。

3.打造开放平台品牌形象

制定各具特色的品牌化战略,提升各类开放平台的整体影响力和美誉度。大力创建国际总部集聚区,支持境外经贸合作和产能合作示范区建设,促进有条件的平台建设国际合作园区。支持企业开展高技术、高附加值保税检测、全球维修和跨境电商物流服务业务,打造服务贸易品牌。加快对接《区域全面经济伙伴关系协定》(RCEP)经贸新规则,建设国际资源配置中心。以打造内陆地区会展高地为目标，聚力办好中国国际智能产业博览会、中国西部国际投资贸易洽谈会、陆海新通道国际合作论坛、中新（重庆）战略性互联互通示范项目金融峰会、"一带一路"陆海联动发展论坛等重要展会，吸引更多国际国内品牌展会落户重庆。鼓励各园区参与国内国际竞争力排名评价，抱团参与各种国际会展活动，把"渝"字号开放平台品牌打造得更加响亮。

二、提升战略平台开放能级

战略平台是我市打造内陆开放的制高点。要充分发挥中新（重庆）战略性互联互通示范项目、中国（重庆）自由贸易试验区、两江新区、西部（重庆）科学城等战略平台的先行先试优势，用好国家赋予的更大改革自主权，加大改革创新力度，推动高端产业集聚，发挥开放平台在内陆开放高地建设中的示范带动作用。

（一）高标准推进中新互联互通项目建设

1.深化金融开放创新合作

抢抓RCEP金融条款及与东盟地区合作机遇，聚焦双向人民币产品跨境交付、引入新金融服务等6方面的金融举措，支持RCEP其他成员国金融机构在渝发起设立金融分支机构，不断深化与新加坡、日本、韩国等RCEP成员国的金融合作，探索更加适应国际通行规则的金融业务、金融制度。用好"中新金融峰会"国际对话平台，与东盟国家政府机构、金融机构共同探讨为"走出去"企业加大金融支持，做好金融服务等问题，帮助RCEP国家优质项目获得中新互联互通项目金融服务支持，探索推动在渝基金通过直接投资方式投资东盟地区优质项目，鼓励商业银行和其他金融机构为企业进入第三方市场提供融资便利。加快建设中新（重庆）金融科技合作示范区，发展供应链金融和特色跨境金融服务平台，推动重庆及西部企业赴新加坡交易所上市融资。

2.深化交通物流领域合作

加强以重庆、新加坡为"双枢纽"的国际物流供应链合作，打造多式联运综合交通枢纽和物流贸易集散中心，深入推进制度创新，提升跨境贸易便利化水平。发挥重庆新加坡双枢纽作用，高质量推进陆海贸易新通道国际合作，推动更多国家参与通道建设，提升通道对地区产业链供应链的支撑作用。深化数字化、绿色化转型合作，加强数字经济、数字贸易、数字通道等合作，深化绿色金融、绿色物流等绿色经济合作。

3.深化航空产业领域合作

强化空中运输通道，鼓励两地航空公司开展客货联动、代码共享等形式合作，打造以重庆江北国际机场和新加坡樟宜机场为两极的"哑铃型"双枢纽。建好中新航空产业园及国际航空物流产业示范区，以航空运输为基础，以打造西部航空产业集聚高地为目标，通过引进与航空紧密关联业态为支撑的产业体系，共同打造临空经济产业集群，逐步形成中新互联互通项目航空产业领域实体展示区，推动"航空+旅游"合作，提升航空点对点、点对面辐射带动能力。

4.深化信息通信领域合作

深化中新（重庆）国际互联网数据专用通道建设，探索中新跨境服务贸易与跨境数据流动试点，打造国际数据港。支持企业使用中新（重庆）国际数据专用通道在电子信息、智能制造、医疗、教育、数字文创、旅游等方面开展线上业务合作；挖掘中新数据通道潜力，协调新方支持本地企业数据出海；支持新方信息通信强企拓展重庆及国内市场。

5. 积极拓展其他领域合作

在聚焦重点领域合作的同时，在农业、能源、商务、大健康、城市规划等新领域探索"新蓝海"，开辟新的增长点。农业方面，抢抓碳达峰碳中和重大战略机遇，围绕低碳农业、数字化绿色村镇等方面开展项目合作，推动产业结构优化升级；能源方面，推动共建中新（重庆）综合能源服务项目，对工业企业、公共建筑进行能源托管及节能改造，推动实现节能目标；商务方面，推动在渝中区设立商务服务中心，协助重庆及西部省市企业赴新加坡及东南亚国家发展；大健康方面，结合重庆本土康养资源和新加坡医疗、康养机构专业优势和先进管理模式，共建大健康营运中心；城市规划方面，在璧山启动中新（重庆）科技城项目产业发展研究及概念性总体规划项目。依托陆海新通道沿线地区资源优势，以中老铁路开通为契机，探索以老挝、泰国为重点国家搭建国际合作平台，推动中新双方围绕标准制定、农产品进出口贸易等领域开展第三方市场合作，并以现有合作项目为基础，逐步向智慧城市、人工智能、数字经济、可再生能源和健康医疗等战略性新兴产业合作领域延伸。

（二）实施自贸试验区提升战略

1. 深入推进高水平制度型开放

以制度创新为核心，不断提高自贸试验区发展水平，把自贸试验区建设成为新时代改革开放的新高地。积极对标自由贸易港，探索实施更高水平的对外开放政策，持续开展陆上贸易规则、贸易金融、多式联运等首创性、差异化改革探索。对标全面与进步跨太平洋伙伴关系协定（CPTPP）和数字经济伙伴关系协定（DEPA）等高标准经贸协议，进行更多的"压力测试"，实现制度创新和产业发展相互促进，探索构建适应国际规则新要求的制度体系，加快知识产权、竞争政策、争端解决等制度探索，全面提升贸易、投资、运输、资金、就业、数据等方面开放度和竞争力，开展数据安全有序跨境流动压力测试，稳步扩大规则、规制、管理、标准等制度型开放，加快培育具有竞争优势的特色产业和外向型产业，努力建成具有国际影响力和竞争力的自由贸易园区，发挥好改革开放排头兵的示范引领作用。

2.加快打造数字自贸区

充分发挥数字赋能对培育新模式和产业发展的推动作用，建设新一代国际通信基础设施，有序扩大通信资源和业务开放，集聚数字贸易相关先进技术、人才、金融等高端要素资源，构建数字贸易全产业链，打造数字贸易先行示范区，在数字产业、数字金融、数字物流、数字监管等数字贸易关键领域探索实践符合国情的数字贸易发展规则、打造数字一体化监管服务平台。积极探索发展数字产品贸易、数字服务贸易、数字技术贸易、数据跨境交易等新业态，探索建设数据海外仓和离岸数据岛，发挥重庆高端制造业发达的优势，以制成品出口带动服务出口。探索建设"新型数据监管关口"，推动数据跨境流动先行先试，启动数据跨境流动安全审查平台建设，聚焦人工智能、生物医药、智能制造等关键领域，探索国际化数据流通机制。探索建立"数据海关"，开展跨境数据流通的审查、评估、监管等工作。

3.推动开放平台联动创新发展

按照"示范引领、科学布局,融合协同、错位发展,政府引导、市场主导"建设原则,依托西部陆海新通道、中欧班列、长江黄金水道、国际航空枢纽四条主要通道,围绕汽摩及零配件、机械及电子料件、大宗商品、生活消费品等重点商品品类,建设立足西部、连接"一带"和"一路"进出口商品集散中心,推动平台之间基础设施互通、数据信息共享、产业招商联动、创新政策和成果共用,提升开放平台发展的整体性、系统性,实现全市开放平台相互支撑、提质增效。深化川渝自贸试验区协同开放,积极开展川渝自贸试验区联动试验、对比试验、互补试验,探索一批跨区域、跨部门、跨层级制度创新成果,推动两地跨区域产业的优势互补、错位发展,共同谋划1—2个世界级产业集群,共建数字经济创新发展示范基地、大健康产业生态圈。强化川渝自贸试验区协同监管,共建市场主体自律、业界自治、社会监督、政府监管四位一体的综合监管体系。强化内陆国际物流枢纽建设,依托川渝自贸试验区协同开放示范区建设加快推动铁公水空多式联运通道深度融合,深化区域合作互补、集成性制度创新,发挥政策协同作用,促进重庆国际物流枢纽扩能增效。推进自贸试验区联动创新区建设,探索建立自贸试验区与海关特殊监管区域统筹发展示范基地。

(三) 推动两江新区高水平开发开放

1.全力推动高质量发展

瞄准产业高端化、智能化、绿色化发展方向,一手抓传统产业转型升级,一手抓战略性新兴产业发展壮大,以实施智能网联新能源汽车产业集群整车龙头引领、科技创新型企业集结登峰、软件和信息产业建圈强链、企业上市"扬帆行动"四大行动计划为牵引，加快构建支柱引领、多点支撑的现代产业体系。围绕加快建设具有全国影响力的科技创新中心核心承载区，培育壮大创新主体，优化创新平台布局，高水平建设两江协同创新区，加快集聚高端创新资源，做优创新生态，持续推进产业创新、协同创新，努力让科技创新"关键变量"成为两江新区高质量发展的"最大增量"。着力推进以数字化变革为引领的全面深化改革，建设数字政府，培育数字社会，推动数字化改革向各领域各方面延伸。积极承接、主动探索国家和全市重大改革试点，加强首创性、差异化改革探索，充分发挥国家级新区改革"试验田"作用。着力促进区域协调发展，加强与四川天府新区联动，加快打造成渝地区双城经济圈建设的重要引擎和内陆开放的重要战略平台；大力推动"一区两群"协调发展，加强与万州区对口协同发展，全力打造区域协作样板。

2.全面提升开放载体能级

持续推进战略平台、功能平台、创新平台融合发展，提升制度型开放水平，高标准打造中新互联互通项目核心区、自贸试验区核心区，拓展两路果园港综合保税区功能，着力建设内外贸一体化发展引领区、RCEP经贸合作先行区、综保区协同开放示范区、进口贸易促进创新示范区。高水平打造寸滩国际新城，扎实推进"船、港、城、游、购、娱"一体化协同发展。

3.大力提升开放通道效能

统筹构建东西南北"四向"联通、水铁公空"四式"联运、人流物流资金流信息流"四流"融合的开放通道体系。着力推进西部陆海新通道建设，提升内畅外联水平；积极推动中欧班列提质增效、长江黄金水道优化提升、渝满俄国际铁路班列挖潜释能，大力发展航空货运，加快健全多式联运体系，提升水铁联运、水水中转能力，大力发展物流仓储、大宗交易、国际贸易等业务，推动西部陆海新通道果园港班列进一步提质增效。持续推进果园港国家物流枢纽口岸功能优化和国际通道集聚上量，打造内陆国际物流枢纽和大宗商品交易中心。进一步推动中欧班列、西部陆海新通道、长江黄金水道等大通道在两江新区实现无缝衔接。

4.加快发展开放型经济

做好"通道带物流、物流带经贸、经贸带产业"文章，加快转变外贸发展方式，推动加工贸易稳中提质，推动服务贸易稳存量、提增量，大力发展跨境电商、外贸综合服务等贸易新业态，推进内外贸一体化发展，进一步优化外商投资全流程服务，持续推进制造业和服务业高质量发展，提升跨境投资贸易便利化水平，不断提高开放型经济发展的质量和效益。积极扩大高新技术产品、大宗商品进口规模助力优势产业发展，推动进口消费扩容提质，同时做实市场多元化措施，抢抓RCEP生效契机，不断健全与东盟经贸合作网络体系，培育国际经贸合作新增长点。

5.全力打造一流营商环境

全面深化国资国企、管理体制机制等重点领域改革，深入实施外商投资法及其实施条例，建立健全各级跨部门投诉协调机制，提高投诉处理工作水平，加大外商投资合法权益保护力度，打造市场化、法治化、国际化营商环境，持续激发开放型经济活力。聚焦市场化方向，深入简政放权，充分发挥市场在资源配置中的决定性作用，以企业评价为第一评价，以市场主体感受为第一感受，以改革创新精神打造有为政府，以政府的工作效率换取企业的发展效益，充分激发市场主体活力。聚焦法治化方向，坚持依法行政，营造公开透明、公平公正的法治环境，加快推进法治政府建设，严格规范公正文明执法，做到公平公正监管，让企业家投资者吃下定心丸、安心谋发展。聚焦国际化方向，持续扩大开放，建立符合国际惯例标准的市场经济运行机制，加强与国际通行经贸规则对接，健全外商投资促进和服务体系，推动规则、规制、管理、标准等制度型开放，不断提升外资吸引力、开放型经济竞争力和城市国际影响力。

（四）加快建设西部（重庆）科学城

1.全面激发科技创新"驱动力"

坚持教育优先发展、科技自立自强、人才引领驱动，以成渝综合性科学中心建设为牵引，深化科学城与大学城融合发展，不断塑造发展新动能新优势。加快布局国家战略科技力量，搭建高水平创新平台，为科技创新注入"硬核力量"，推动大学城高校研发功能向科学城集聚，提升科学城科研集中度和竞争力。集聚高层次创新人才，推动"金凤凰"人才政策提质扩面，探索开展人才、资本、技术等创新要素跨境便利流动试点，营造"近悦远来"人才生态；发挥大学城综合创新"主引擎"作用，加快集聚战略科技人才、一流科技领军人才和团队、青年科技人才队伍、卓越工程师，深化科技体制改革，塑造高能级创新生态。突出科技创新赋能产业发展，强化企业科技创新主体地位，推动科技创新要素、资源、政策、服务加速向企业集聚，利用产业、技术优势争取在基础软件、硅基光电子、汽车芯片等重点领域突破"卡脖子"技术，增强产业链供应链自主可控能力。

2.切实增强产业发展"支撑力"

坚持把发展经济的着力点放在实体经济上，树牢经济工作向产业聚集的鲜明导向，狠抓传统产业改造升级和战略性新兴产业培育壮大，推动现代服务业同先进制造业深度融合，提升主导产业能级。全力推动西永微电园高质量发展，切实推进广达等龙头企业转型升级，进一步提升产业链供应链韧性和安全水平；加快布局车载智能终端等产品，引导龙头企业向汽车电子等行业转型。推动集成电路产业做大做强，高标准建设金凤软件园西永园区，大力发展汽车软件、人工智能、IC设计、数字建造等软件信息产业。积极构建多点支撑产业发展格局。构建"北研发—中转化—南制造"的总体空间布局，加快"北研发"，打造科技创新策源地；深化"中转化"，打造科技成果转化孵化基地；强化"南制造"，加快打造绿色低碳制造基地。提升招商引资质量，瞄准集成电路、智能网联新能源汽车、软件信息等赛道，精准招引一批"百亿级""500强""央字头""链主型"项目，加快把招商成果转化为有效投资、经济产出、税收贡献。

3.着力提高未来城市"承载力"

坚持人民城市人民建、人民城市为人民，以高水平打造金凤城市中心为抓手，不断提高城市规划、建设、治理水平，为高端科技和产业资源落地提供服务配套。注重规划设计引领，突出规划管当前、利长远的引领作用，用好国土空间规划"三区三线"成果，抓紧完善科学城片区规划、控制性规划和城市设计规划，健全科学城规划体系。坚持基础设施优先，构建内畅外联的综合交通体系，搭建智慧城市服务体系。高标准打造金凤城市中心，完善医疗教育等配套设施。推动城市更新示范，高质量提升大学城环境品质，突出绿色生态优先，持续打好污染防治攻坚战，指导辖区企业开展CCER减排项目认证、碳排放交易履约等工作，持续减少主要污染物排放总量，确保空气质量优良天数达到316天以上；完成科学城生态水系示范工程一期，实施核心区雨污分流改造、梁滩河生态治理修复及绿色循环等工程，确保梁滩河水质达到或优于地表水Ⅴ类。

4.全力提升发展环境"吸引力"

坚持向改革要动力、向开放要活力、向协作要合力、向要素要潜力，打造高质量发展的"强磁场"。推进以数字化变革为引领的全面深化改革，持续深化"放管服"改革，打造具有全国影响力的政务改革品牌，营造市场化、法治化、国际化一流营商环境。围绕成渝地区双城经济圈和西部陆海新通道建设，抢抓RCEP、"一带一路"等战略机遇，用好自贸区、综保区等国家级开放平台，加快培育跨境电商、服务贸易、进口整车保税仓储等外贸新业态，深入推进服务业扩大开放综合试点，扩大金融、科技、文化、数字经济等领域开放。深化"川渝双城"合作，深化"一区两群"协同，合作共建"重庆高新区·黔江产业合作示范园"、西部（重庆）科学城黔江孵化中心，深化"一核五区"联动，形成"整体统筹、区域聚焦、错位布局、协作联动"的发展格局；强化政策保障，把政策红利精准落实到企业。强化资金保障，多渠道筹措资金，广泛吸纳社会资本参与投资；强化用地保障，为科学城建设腾挪发展空间。

三、推动园区平台、功能平台提档升级

园区平台、功能平台是内陆开放资源及要素的重要承载地，要聚焦优化资源配置，提升运行质量，形成聚合效应，推进园区平台做高做新、功能平台做特做活，不断提升发展水平。

（一）推动园区平台高质量发展

1.加快推动园区平台创新发展

大力提升开放平台的创新浓度和人才密度，使其成为重庆科技创新的中坚力量和重要载体。注重构建平台的创新生态。发挥开放平台的制度创新高地优势，推动平台优化运行机制和运营管理模式创新，加快形成创新发展良好生态，加快打造一批产业发展优、要素支撑强、体制机制活、空间格局协调的千亿级开发区。加快构建自主创新产业体系，鼓励企业进行菜单式集成创新，加强园区平台之间的创新联动发展，支持园区平台与国内外知名高校、科研院所合作，培育壮大一批高新技术企业，推动国家级高新区提升自主创新能力，优化创新生态，集聚创新资源，形成高新技术成果产出、转化和产业化机制，构建高新技术产业体系。强化和落实平台吸纳高端人才的政策，建强人才链，激活创新链，做优产业链，将开放平台建设为海内外高层次创新人才荟萃之地。

2.统筹推进园区产业发展

发挥国家级开发区引领作用，加强市内园区供需对接，促进上下游、产供销一体化。加快发展园区特色主导产业，形成各具优势的产业集群，推动园区特色化发展，立足区域资源禀赋做强开放型特色优势产业。支持园区按市场化运作方式设立和运营专项产业发展基金，实施更加灵活的金融、土地、人才等政策，促进产业链、创新链、服务链、资金链有机融合。

3.深化园区体制机制创新

充分发挥园区体制优势，推动科技创新、制度体系、营商环境等重点领域全面深化改革，探索首创性、差异化改革举措，打造市场化、法治化、国际化营商环境。强化国家级开发区体制机制创新，支持国家级经开区在开发建设、招商引资、管理体制、运营模式等方面探索创新，整合优化发展空间，集聚产业要素，完善综合配套，带动区域经济高质量发展。健全完善园区与行政区高效协同配合机制，培育形成高度专业化和具备国际水平的管理运营团队，稳步推动聘任制和薪酬制改革。完善园区考核评价体系，强化高质量发展和开放发展导向，实行分类指导和动态管理。

（二）推动功能平台提质扩能

1.全力提升口岸综合效能

持续推进口岸开放，加快推进万州机场航空口岸查验基础设施建设，积极争取重庆港水运口岸扩大开放万州新田港区、涪陵龙头港区、江津珞璜港区。持续拓展口岸功能，加快果园港口岸、江北机场航空口岸综合性指定监管场地和铁路口岸进境肉类指定监管场地运营。统筹谋划新开口岸进境水果、粮食、肉类等特殊商品海关指定监管场地申报建设工作，满足区域特色产业发展和居民高品质生活需求。持续优化口岸营商环境，深化促进跨境贸易便利化工作，加强通关模式改革，进一步优化通关流程，为企业提供更加多样、更贴合需求的通关模式。加强口岸作业模式改革，推动科技赋智赋能，提升工作效率。

2.加快提升口岸物流信息化水平

加强口岸物流信息化顶层设计，以数字化变革为引领，按照数字重庆统筹规划，深化创新驱动行动计划，制定口岸物流信息化3—5年总体规划，有效提升口岸物流智能化、绿色化、集约化水平，着力构建口岸物流通道衔接体系、产业支撑体系。依托数字重庆总体架构，加快构建数字陆海新通道平台体系，推动信息共享、业务协同、区域合作、制度创新，推动数字通道高效、便捷、安全运行。深化国际贸易"单一窗口"建设，持续推进"单一窗口"功能由口岸通关向口岸物流、贸易服务等全链条拓展。深化扩展区域"单一窗口"平台功能，促进数智通关和数智物流优化顺畅。在中欧班列中创新应用区块链技术，推动跨境金融融资结算监管系统建设，提升中欧班列辐射带动效能。创新国际合作试点，深化中新"单一窗口"合作，加快铁海联运数字提单研究和推广应用，探索与新加坡等东盟国家在跨境贸易通关和物流信息等方面互联互通、信息共享。

3.着力培育海关特殊监管区域（场所）业态创新

以数字化变革为引领，顺应市场经济要素组合、运作方式、商业模式、供给关系和产业形态等新变化，不断推进综合保税区建设质量变革、效率变革和动力变革，进一步明确海关特殊监管区域（场所）服务国家经济社会发展政策导向，兼顾国内国际两个市场，强化综合保税区产业集聚、辐射带动、高端制造、物流辐射高质量发展内生动力，大力发展新业态、新模式、新产业，不断增强参与国际市场竞争，开创经济发展新局面的能力。全面优化海关特殊监管区域（场所）载体功能，大力推进简政放权政务改革，全面推行负面清单管理，创造性地拓展国际贸易、跨境结算等功能，加快发展保税研发、检测维修、再制造和跨境电子商务等新业态。不断提升创新发展核心竞争力，建设保税研发基地，集聚人才、技术和资本优势，加快发展研发等高技术含量产业，辐射带动周边地区形成研发新优势。大力扶持检测维修等售前售后高附加值服务产业，进一步延伸加工贸易产业链条，稳链、固链、强链。积极探索跨境电子商务新模式，加快培育多元化融合创新发展新空间，打造"数字生活+实体消费"新场景。

4.加快推动海关特殊监管区域（场所）制度集成创新

突出海关特殊监管区域（场所）制度集成创新，加快推进数字监管，积极建设数字海关，推动跨部门、跨层级协同监管，提升数字贸易跨境监管能力。以新型监管技术提升监管智能化水平，充分运用非现场、物联感知、掌上移动、穿透式等新型监管手段，以更新的管理理念、管理制度和管理手段服务重庆内陆开放高地建设。创新探索发展新制度，打破"物理围网+电子底账"管理篱笆，区分口岸型综合保税区和属地型综合保税区，分别采用"物理围网+电子底账"传统监管模式和"虚拟围网+电子账户"数字监管模式实施监管。推动海关数字化、智能化运行，实现海关向数字政府管理方式转变，为推进顺势监管、无感监管和隐形监管提供强有力支撑。

第十一章
大力推进开放型经济发展

党的二十大报告强调,"中国坚持对外开放的基本国策,坚定奉行互利共赢的开放战略"。①习近平总书记多次强调,"中国推动更高水平开放的脚步不会停滞""推动更深层次改革,实行更高水平开放,为构建新发展格局提供强大动力"。这些重要论述深刻阐释了改革开放永无止境,只有进行时没有完成时。重庆开放型经济发展基础良好,要全面贯彻落实党的二十大精神和习近平总书记的重要指示批示精神,统筹抓好通道、口岸、平台、主题等开放重点,更加注重在扩大开放方面发挥作用,在西部内陆地区带头开放、带动开放,展现新作为,实现新突破,着力以构建高水平的开放型经济推动高质量发展。

一、提档升级开放型产业体系

产业是经济之本、发展之基。没有坚实的物质技术基础,就不可能全面建成社会主义现代化新重庆。站在改革开放的最前沿,重庆应充分发挥国内国际双循环重要节点优势,把更高开放水平作为现代产业体系的主要特征,加快构建开放型现代产业体系,筑牢高质量发展的实体经济根基。

(一)推动农业领域开放合作

1.扩大农业国际合作

发挥西部陆海新通道物流和运营组织中心作用,加强与"一带

---

① 习近平:《高举中国特色社会主义伟大旗帜 为全面建设社会主义现代化国家而团结奋斗——在中国共产党第二十次全国代表大会上的报告》,人民出版社2022年版,第62页。

一路"沿线国家和地区的农业合作，实施百万亩级农产品出口基地、中新（重庆）农业合作示范计划，培育壮大一批农产品出口贸易龙头企业，打造中国山地特色农产品重要出口基地。稳步推进对外投资，加快培育具有国际竞争力的涉农跨国企业。建设境外农业合作示范区和农业对外开放合作试验区。深化农业科技合作，加快科技"引进来"和"走出去"，开展农业科技联合攻关。积极争取国际辣椒联盟执行总部落户重庆。

2.加强农业区域合作

提升中国西部（重庆）国际农产品交易会、潼南国际柠檬节、中西部畜博会等展会国际化水平，打造成为西部地区农业对外开放合作重要平台窗口。深化渝台农业合作，推进重庆台湾农民创业园建设。强化川渝合作，共建成渝现代高效特色农业带。拓展鲁渝农业协作领域，打造农业产业协作"升级版"。加强与周边和发达地区农业合作，支持巫山、秀山立足秦巴山区和武陵山区打造省际农产品边贸物流中心。紧扣西藏昌都农业发展实际，扎实做好农业援藏工作。

3.强化乡村振兴招商引资

创新招商引资方式，多形式、多平台开展农业对外招商引资。围绕现代山地特色高效农业延链补链强链，加强涉农项目策划和储备，重点引进市场行情好、与我市资源禀赋匹配的农业产业化项目。紧盯京津冀、长三角、粤港澳大湾区，开展实打实对接、点对点洽谈。加强市级部门、区县互动协作，强化驻外地商会和外省（自治区、直辖市）驻渝商会、涉农协会、农业企业沟通协调，营造纵横交错、政商互动的开放合作网络化生态。鼓励外商直接投资我市农业产业链薄弱环节，提升农业外资利用水平。

（二）提升重庆制造业在全球价值链中的地位

1.加强关键核心技术攻关

聚焦重点产业，系统梳理产业链关键核心技术和产业基础领域需求，制定发布需求清单。推动企业间以及企业与高等院校、科研机构深化合作，探索"揭榜挂帅"等组织方式，共同承担国家重大技术和产品攻关任务以及开展产业链关键共性技术研发，着力突破"卡脖子"瓶颈制约，更好满足重点产业发展技术需求。结合西部（重庆）科学城、两江协同创新区、国家自主创新示范区等建设，积极争取集成电路、人工智能、量子通信、生命健康、空天科技等相关领域大科学装置、大科学中心在渝布局，积极发起、参与国际大科学计划和大科学工程，吸引国内外创新资源，促进科技交叉融合，争取突破一批对产业及产品形态、生产组织方式等具有颠覆性影响的前沿技术和先导技术，强化源头技术供给。

2.加强产业链补链延链强链

聚焦电子、汽车、装备等外向型重点产业，加强与《区域全面经济伙伴关系协定》成员国产业链、供应链合作，强化重点企业"一对一"服务，完善海外供应链保障协调机制，提升产业链、供应链风险防控能力。支持龙头企业通过加大本地采购力度，推动本地相关领域企业加快布局相关配套、原料环节，补齐重点整机产品产业链短板。发挥功率半导体、液晶面板、合成材料等基础领域和战略环节比较优势，加大市外下游应用企业引进力度，打造更多产业链。瞄准符合未来产业变革方向的整机产品，积极培育战略性全局性产业链。结合行业关键共性技术体系建设，推动行业各类企业联合建设产业创新中心、制造业创新中心、产学研联盟、检验检测平台等机构，提升产业链整体研发能力，增强对市外行业领域企业机构来渝发展吸引力。

3.深入推进智能制造

加快智能生产设备、智能检测设备、智能设备普及应用，加强厂区内网部署和信息系统集成应用，加速实现基于不同通信协议的设备之间、设备与信息系统之间以及系统与系统之间的互联互通，提升生产指令自动下达、生产信息自动采集、误差自动补偿、快速换模、工序协作、混线生产等能力和水平，壮大数字化车间和智能工厂规模。以全面设备互联、现场可视化和透明化、精益生产、柔性自动化和环境友好为目标，打造智能制造"灯塔工厂"。积极引育智能制造系统解决方案供应商、智能制造设备生产商，加快工业机器人、数控机床、增材制造装备、MEMS传感器、智能网关、协议转换、工业机理模型库等技术产品开发，积极推进工业技术软件化，增加智能制造相关技术、标准、产品和整体解决方案本地供给。

（三）有序扩大服务业开放

1.优化服务业扩大开放空间格局

围绕在共建"一带一路"中发挥带动作用，发挥通道、平台优势，强化沿线国家物流、金融等服务业领域开放合作。推动成渝地区双城经济圈协同开放，联动促进周边地区现代服务业发展和转型升级。分类推进全域开放，推动主城都市区围绕高端服务业、生产性服务业打造全市现代服务业开放发展主承载区；推动渝东北三峡库区城镇群和渝东南武陵山区城镇群围绕优势特色扩大服务业开放，做大商贸、文旅等特色产业。构建全域开放、各具特色的服务业开放新格局。

2.完善服务业扩大开放体制机制

用好国家部委、市级部门、区县平台三级工作体制机制，运用五省市服务业扩大开放协同发展联席会议工作机制，分领域开展考察调研和学习交流活动。分阶段出台重点任务、重点项目清单，确定试点"路线图"。持续开展政策宣讲培训，举办中国服务业开放合作论坛，提升试点影响力，推动试点任务全面落地落实。对标高标准国际经贸规则，优化监管机制、提升开放程度，积极探索实施服务贸易负面清单管理模式，在数据跨境流动、多式联运、知识产权等规则方面，先行先试探索形成更多可复制可推广的创新做法，持续营造市场化、法治化、国际化的营商环境。

3.推动服务业扩大开放相关资源要素高效流动

推动制造业与生产性服务业融合发展，完善现代服务业发展政策体系，在跨境人才职业资质互认、网络游戏内容属地审核、投资项目审批等方面深化"放管服"改革，不断提升服务效能，促进投资贸易便利化，加快现代服务业相关的人才、资金、信息等高端要素集聚。围绕金融、科技、教育、商贸服务等重点领域，加大招商引资和主体培育力度，实施"政策+项目"双清单，争取推动外资专科医院、游戏研发、医药研发、数据交易、文体赛事演出、国际合作办学等综合试点引领性标志性示范项目落地，进一步做大做强重庆现代服务业。

二、加大外贸转型发展力度

当前经济全球化面临新挑战，世界贸易格局深刻变化，国际经贸规则面临重构。在大发展大变革的历史背景下，要深刻认识到全球化是不可逆转的历史大势，更加坚定开放合作信心，坚决贯彻落实党中央决策部署，稳定和扩大外贸规模，加快贸易转型升级，拓展外贸新业态新模式，优化国际市场布局，走高质量发展之路。

（一）大力发展服务贸易

1.优化服务贸易结构

稳定并拓展旅游、运输、对外工程承包等传统服务贸易，重点培育计算机和信息服务、咨询、通信、金融、保税研发、检测维修等新兴服务贸易。推动文化创意、广播影视、数字出版、动漫游戏、教育等文化服务出口。加强中医药、体育、餐饮等特色服务领域的国际交流合作。优化服务贸易进口结构，扩大先进服务、先进技术进口，带动产业转型升级。鼓励各区县和开放平台立足自身基础和发展潜力，发展具有比较优势和当地特色的服务贸易。

2.创新服务贸易发展模式

突出服务贸易与货物贸易、对外投资、高端服务业联动发展。推动服务贸易交易模式创新，扩大跨境交付服务贸易规模。依托大数据、物联网、移动互联网、云计算等新技术，建设新型服务贸易促进和交易平台，探索打造数字贸易内陆国际枢纽港。大力发展"保税+商品展示交易""保税+维修"等贸易新业态，开展海关监管仓及海外仓建设。推进全面深化服务贸易创新发展试点，建设对外文化、中医药服务、数字服务等特色服务出口基地，打造全国重要的服务贸易基地。加强管理创新、业态创新和商业模式创新，提升服务质量和技术含量。建立完善与服务贸易特点相适应的监管模式。

3.大力发展国际服务外包

加快建设服务外包示范城市，打造一批主导产业突出、创新能力强、体制机制先行先试的服务外包产业集聚区，形成一批具有重庆特色的服务外包产业示范园区。扩大服务外包产业规模，拓展服务外包业务领域，前瞻布局一批服务外包产业集群，培育软件研发服务、集成电路和电子电路设计服务、电子商务平台服务、大数据服务、信息安全服务、人工智能服务、检验检测服务、新能源技术研发服务等产业，增加高技术含量、高附加值外包业务比重。培育众包、云外包、平台分包等新模式。

（二）优化升级货物贸易

1.做强一般贸易

推动重庆支柱产业开放发展，提升汽车、摩托车、通机等优势产品出口规模，推动装备制造业和大型成套设备出口，扩大农产品出口，加速推进外贸"新三样"产品出口。加快运用现代技术改造传统产业，大力培育以技术、品牌、质量、服务和标准为核心的外贸竞争新优势，持续推进外贸转型升级基地建设。打造西部进口高地，积极创建进口贸易促进创新示范区，扩大先进技术、重要装备和零部件等进口，支持能源资源产品、优质消费品进口，增加国内紧缺和满足消费升级需求的农产品进口。

2. 做稳加工贸易

优化加工贸易结构，支持加工贸易企业开展技术创新，推动加工贸易向品牌营销、研发创新和分拨结算等产业价值链高端延伸，积极拓展高技术含量、高附加值的境内外检测维修和再制造等业务，促进加工贸易与服务贸易、智能制造深度融合发展。积极创建国家加工贸易产业园，推进市级加工贸易转型升级示范区建设，承接东部产业梯度转移。拓展加工贸易品类，打造加工贸易产业集群。创新加工贸易模式，大力发展内外兼销、就地配套、便捷运输、劳动密集型为主的加工贸易产业集群。创新保税加工业务模式，深化发展"委内加工"、非国产货物进境入区维修、国际分拨中转等新业态，实现区内外联动发展。成立重庆黄金产业发展基金，加快培育黄金、彩色宝石、钻石、眼镜、钟表等高端饰品加工贸易，打造从原材料供应、设计研发、生产加工到检测、包装、销售、售后服务、支付结算的全产业链。培育服装、箱包、医疗设备、体育健身器材等加工贸易产业集群。

3. 培育外贸新业态新模式

加快建设中国（重庆）跨境电子商务综合试验区，打造国际快件分拨中心。推广"产业带+跨境电商"模式，完善公共海外仓服务，支持生产企业和传统外贸企业利用跨境电商平台拓展国际市场。争取跨境电商进口药品和医疗器械试点，探索扩大跨境电商进口商品种类。大力推进市场采购贸易发展。壮大总部贸易，建设总部经济集聚区。发展转口贸易，加快进出口货物报关、保险、仓储、国际运输、集装箱分拨、金融结算等业务创新。不断扩大二手车出口等贸易新业务规模。

（三）探索发展数字贸易

1. 持续增强数字贸易国际合作

持续完善升级中新（重庆）国际互联网专用通道，借力新加坡国际区位优势，扩大对周边国家吸引力，以成渝地区双城经济圈建设为契机，进一步深化与西部12省（区、市）和海南、广州等地的中新国际数据通道共建共享机制，建设以"重庆—新加坡"为双中心，辐射泛东南亚国家的数字贸易伙伴集群。充分利用全国跨境电子商务综合试验城市发展契机，引进和培育专业化跨境电商服务企业，进一步完善跨境电商产业链。进一步扩大数字贸易应用领域，重点推动科技金融、版权交易、服务外包等数字领域的国际合作。

2. 着力推进数字基础设施建设

稳步推进城市网络升级提速和农村宽带推广普及。降低数字基础设施行业的市场准入门槛，发挥国有企业在基础设施投入方面引领作用，充分调动民间资本的力量，进一步加快重庆5G、数据中心等关键数字网络基础设施建设。加强新技术研发，给予研发企业在财税融资方面更多的支持，促进其成果转化以及与其他行业的融合发展。注重改善数字证书、电子签名和电子认证等跨境基础设施和技术条件，探索促进数字证书和电子签名的国际跨境互认，保护跨境数字贸易中的知识产权、消费者权益及隐私，为数字贸易发展创造良好的硬环境。

3. 积极培育数字贸易龙头企业

发挥两江数字经济产业园、两江协同创新区等园区能效，推动产业转型升级，大力引进数字贸易龙头企业，壮大本土特色线上平台，培育支撑数字贸易发展的服务企业，推动传统制造业和服务业数字化转型。加强对BAT等相关企业的支持，通过财税金融支持以及高科技人才引进等手段，形成一批综合性大型企业带动细分行业、龙头效益明显的数字贸易企业发展新格局。

4. 切实加强数字贸易协同监管

从地方标准和技术层面对数字贸易加强监管，定期监测和对接各类跨境电商平台，掌握数字贸易的真实情况，把握数字贸易发展趋势。畅通数字贸易产品出口渠道，为数字贸易产品出口提供更加便利的条件，提升重庆数字贸易产品的附加值。以中国（重庆）自由贸易试验区为抓手，加强区域之间的贸易协作，探索在双边和区域贸易协定中加强数字贸易规则制定，推动全国数字贸易规则建立。优化和完善数据跨境流动安全管理框架，建立灵活多样、宽严相济的数据分级分类监管模式，推动数据跨境合规有序流转。

三、培育壮大外向型市场主体

加快培育壮大外向型市场主体，对提升经济内生动力、推动高质量发展具有重要意义。要坚持"引进来"与"走出去"并重，引进与培育并重，增量与提质并重，加大招商引资力度，积极推动企业走出去，培育壮大一批特色突出、外向度高、具有国际竞争力的优强企业。

（一）大力开展招商引资

1.加大招商引资力度

注重引资和引智相结合，同步引进资金、人才、先进技术、关键设备、管理经验等，提升利用内外资水平。围绕新一代信息技术、新能源及智能网联汽车、高端装备、新材料、生物医药、节能环保等战略性新兴产业，推进产业补链强链，壮大产业集群。聚焦电子、汽车摩托车、装备制造、消费品、材料等支柱产业，瞄准金融科技、研发设计、检验检测、健康服务、现代物流、智慧文旅等现代服务业以及现代农业，开展高端化、智能化、绿色化招商，促进产业提质转型升级。以大型央企、知名外企、知名民企为重点，大力引进行业龙头企业、关键环节企业、独角兽企业、成长型企业、优质种子企业等。拓展招商引资方式，大力开展产业链招商、市场化招商、线上线下招商和定向招商，增强招商引资实效。

2.强化外商投资权益保护

全面贯彻《中华人民共和国外商投资法》及其实施条例，在政策适用、标准制定、资质条件、政府采购、行政许可等方面对内外资企业同等对待，营造内外资企业一视同仁、公平竞争的良好环境。依法向外国投资者和外商投资企业公开行政支持政策、法规规章等，多途径提供咨询、指导等服务。建立健全"一口受理"的外商投资企业投诉工作机制，加大外商投诉事项协调处理力度。

3.优化外商投资管理服务

落实《外商投资准入特别管理措施（负面清单）》《自由贸易试验区外商投资准入特别管理措施（负面清单）》，全面实施外商投资准入前国民待遇加负面清单管理制度。健全外商投资全流程服务体系，加强"行政服务管家"队伍建设，提供外商投资一站式服务。全面落实144小时过境免签、居留许可、购付汇等各项政策，提升外籍人士来渝工作便利度。

（二）做强做大贸易企业

1.加快培育外贸龙头企业

实施"外贸领军企业培育提升计划"，鼓励电子、汽车摩托车、装备制造、化工、医药等行业龙头企业通过海外并购、股权置换等方式，整合海外品牌、技术、营销渠道和高端人才等资源，深度融入全球价值链，形成一批供应链整合能力强、有效引导生产的国内国际双循环示范企业。

2.提升中小外贸企业开放水平

开展"千企贸易帮扶成长计划"。建设重庆中小外贸企业产品技术海外展示交易平台。支持中小外贸企业聚焦主业提升专业化水平，走"专精特新"或与大企业协作配套发展的道路，在智能制造、汽车摩托车、通用机械、化工、医药等领域培育一批竞争力强的"小巨人"企业。鼓励中小微企业积极拓展国际市场，壮大开放型中小微企业群体，增强开放发展活力。培育一批平台型企业，为中小微外贸企业提供报关、报检、物流、融资、退税、信保、法律等综合服务。鼓励有条件的制造业企业、批发零售企业、电商企业等进行对外贸易经营者备案登记，开展进出口业务。鼓励企业按照国际标准化组织生产和质量检验，建立国际认可的产品检测和认证体系，形成一批在国内外有较大影响力和较强竞争力的品牌。

3.加强投资与贸易双向互动

建立健全外商投资全流程服务体系，加大"有技术、有品牌、有市场"外资企业引进力度，支持其在渝开展跨国集中采购和分销，拓展研发、设计、物流、结算、销售等功能。加强与重点国家、行业国际产能合作，支持汽车摩托车、通用机械等优势产业以龙头企业带动中小企业抱团出海的方式，推动装备、技术、标准、服务一体化"走出去"。

（三）有序推动企业"走出去"

1.突出"走出去"重点国别和地区

贯彻"一带一路"建设、周边基础设施互联互通、中国—中东欧国家合作中期规划、中非"三网一化"等相关规划，结合商务部《对外投资国别产业导向目录》，综合双边关系、合作意愿、资源禀赋、产业配套、市场需求等因素引导重庆企业进行对外投资合作。重点开拓"一带一路"沿线国家和地区市场，亚洲以东盟地区、欧洲以中东欧地区、非洲以东非地区为布局重点，进一步鼓励重庆企业抱团"走出去"。推进重点产业向我国设在重点国别（地区）的产业园区聚集。

2.推动国际产能合作和装备制造业"走出去"

积极对接自由贸易区战略，建设中新、中韩、中澳、中国—东盟、亚太等自由贸易协定实施示范区，充分利用自由贸易协定关税优惠政策，推动汽车、轨道交通、环保装备（产品）、清洁能源、天然气化工、建材等相对优势产业开展国际产能和装备制造合作。大力推进我市优势产业转移富余产能、升级本地产业、拓宽国际市场，稳步培育壮大一批本土跨国公司。鼓励有条件的重庆企业在境外建立生产销售一体化基地，在全球范围建立组装和生产工厂、研发机构和营销中心。鼓励企业以强强联合方式开展境外矿产资源勘探、开发、技术合作和海外并购。推进境外营销网络建设，建设一批重庆名优商品展示展销中心。

3.完善"走出去"合作平台

构建"政府+金融机构+企业"的创新合作机制，搭建服务全市企业的"走出去"综合服务平台。促进海外并购基金创新融资模式，推动海外投资项目储备与投资合作。用好海外矿权交易中心，加强海外矿产勘查和风险防范，积极吸引国内资本参与对外矿产开发投资。支持重庆秀山对外劳务合作服务平台持续健康发展，推动渝东南片区开放型经济建设，促进精准扶贫。利用我驻外机构、外国政府投促机构和知名中介机构等资源，为企业提供有效的境外投资项目和政策信息。鼓励对外投资合作协会等社会中介机构进一步发展壮大，不断提升服务水平。

第十二章

以制度型开放引领高水平对外开放

制度型开放是新时代理论和实践上的重大创新突破，不仅是新发展阶段推进高水平对外开放、建设更高水平开放型经济新体制的必然要求，也是加快构建新发展格局、着力推动高质量发展的重要支撑。党的二十大报告指出："稳步扩大规则、规制、管理、标准等制度型开放。"市委六届二次全会指出，"着力建设内陆开放高地""稳步扩大制度型开放"。因此，重庆要聚焦制度集成创新，以制度型开放引领高水平开放，着力建设内陆开放高地。

一、以制度型开放促进双循环畅通

稳步扩大制度型开放是打通双循环堵点，实现高水平对外开放的必然选择，也是践行真正的多边主义、凝聚更多的开放共识的责任展现。重庆具有广阔的腹地市场，在服务国内国际双循环层面，需要稳步推行制度型开放提升与国际经贸规则的对接能力，促进两个循环相互交融。在服务国内大循环层面，需要通过制度型开放提升内部要素优化配置水平、促进国内大市场建设，进而打破内外循环联通互促的制度性障碍。

（一）制度型开放的三个维度

1.从广度来看，制度型开放就是范围更广、领域更宽的开放

制度型开放主要包括四个方面：一是以国际规则制定作为其核心内容，即世界规则体系，决定了一国参与国际贸易与治理中的话语权大小；二是以规制与管理为主的国家治理能力作为其重要内

容，即国家治理体系，决定了一国对外开放营商环境水平的高低；三是以产业标准制定作为其基础内容，即产业标准体系，决定了一国在全球产业链竞争中的话语权大小；四是以信用评级作为其补充内容，即信用评级体系，决定了一国在引导全球资本投资流向的话语权大小。总体来看，规则制定、治理能力（包含规制与管理）、标准控制以及信用评级恰恰是这种符号性"软财富和权力"的集中体现。"规则—治理—标准—评级"体系四者之间具有相辅相成的内在联系，赋予了主权国家更多的国际地位话语权。当前，新一轮全球"规则—治理—标准—评级"四位一体话语权正在快步形成之中。较之以往，新的话语体系将更加严格，更具有针对性，其非中立性也更加隐蔽。

2.从深度来看，制度型开放就是更深层次的"境内开放"

在多边体制下，世界贸易组织WTO秉持以开放、平等、互惠的原则，致力于要素与商品流动（如商品、资本、人员、技术等方面）下的贸易自由化和投资自由化，并消除各会员国在国际贸易上的歧视待遇，建立一个完整的、更具活力、持久的一体化多边贸易体制。虽然在WTO成立后，议题和谈判的领域有所扩大，但仅仅局限于货币、汇率、货物与服务贸易、投资等方面的新要求，其宗旨仍是在促进商品和要素流动下的大幅降低或消除关税和非关税壁垒。这些举措仅仅涉及一国对外开放大门"敞开"的基本要求，并未涉及一国国内对外贸易相关制度安排与经济政策的深层要求，比如营商环境、竞争中性、政府采购、劳工标准、知识产权等"纯粹"国内因素。如果说实现商品与要素流动的自由化是器物型开放，那么制度型开放就是实现规则等制度的"引进来+走出去"。无论是制度的"走出去"还是"引进来"，本质上都是以规则、规制、管理、标准等国内政策举措与国际制度的对接，所对接的规则等制度已从"边境"措施延伸至"境内"措施，如标准一致化（知识产权、环境、劳工等）、竞争一致化（竞争政策、投资、国有企业、政府采购等）、监管一致化（法治、反腐败、监管协同等）等。

3. 从质量来看，制度型开放就是强调制度政策的协调性、一致性

在双边多元体制下，更多追求的是"公平、互惠、对等"原则下，实现一国对外开放的国际与国内制度的统一性、衔接性、协调性，即"国内制度的国际化、国外制度的本土化"。正如查德·库伯（Richard N.Copper，1970）的研究表明，在相互依赖的经济全球化大格局下，实现国际经济政策的协调发展是有益的。自"多哈回合"谈判以来，现行国际经济政策的协调力在不断趋于弱化，亟须构建更加公平、合法、普惠、高标准的"制度导向"的开放型国际经济体系。制度型开放的构建，一方面有利于促进全球各国形成相互依赖、和谐的经贸关系；另一方面更加凸显国际经贸矛盾下"制度导向"的全球治理特点。其中，"政策协调"是制度型开放的核心，即更加强调规则、标准、规制等制度的统一性和兼容性。实际上，制度型开放不仅在协调的领域上更加具有宽泛和细化的内在要求，即领域的广延性；同时，对协调程度的要求也不断提高，即程度的深化性。无论是领域的广延性还是程度的深化性，均体现出制度型开放更加注重协同、兼容乃至一致的内在特征。

（二）制度型开放是顺应双新发展格局下全球化发展新形势、新特点的必然要求

1. 贸易中心转移与治理体系变化为制度型开放创造了良好的国际环境

从国际贸易格局来看，全球贸易中心正从"欧美—大西洋地区"向"亚洲—太平洋地区"转移。2008年金融危机以来，国际经

贸形势呈现"东升西降、南起北落"的变化,逐步打破了以西方强国为核心的世界经贸格局。根据国际货币基金组织(IMF)数据显示,以金砖五国为核心的发展中国家呈现群体性的梯次崛起态势,对世界经济增长贡献率始终保持在70%—80%。从全球治理体系来看,全球治理格局也正呈现从"美国主导、美欧共治"的局面向"多元化主体——全球共治"的局面转变。一方面,由于全球价值体系已由以传统西方民主价值体系为核心,逐步转向多元化价值体系共存。以金砖五国为代表的发展中国家的主权意识、民主意识不断强化,逐渐弱化依附于西方意识形态下的价值取向,并且国际关系的国家间民主化观念日益成为全球共识。另一方面,以金砖五国为代表的新兴经济体在全球治理中的话语权与影响力不断提升。综合来看,贸易中心的转移与国际治理体系的变化为我国制度型开放创造了良好的国际环境,为我国稳步推进规则等制度型开放提供了重要保障。

2.驱动要素变化与国际分工转变为制度型开放奠定了必要的产业基础

随着贸易与投资自由化的深度演进,经济全球化发展呈现两大新特点:一方面,产业驱动力正从"要素驱动"向"创新驱动"转变,需要更高标准、更高层次、更加全面的国际国内制度的协调性、统一性。另一方面,国际分工正从"禀赋优势—产品分工"向"全球价值链协作"转变,全球价值链重塑、国际分工体系向纵深维度发展。这一转变过程无论是从整个产业链来看,还是从同一生产环节下要素投入来看,均需以跨国公司为载体的多国共同参与、磨合和协作方能得以顺利生产。这一新型国际分工对全球各国在要素分工与生产环节分工方面的"无缝衔接"提出了更高的要求,尤其是实现规则、规制、管理、标准等制度方面的相容性,有效推进生产—服务—贸易与投资的"一体化综合体"的深层融合发展。

3.制度型开放是新一轮经贸体制与经贸规则转变的必然趋势

经济全球化深入发展过程中,全球构建了以美国为主导、多国参与的国际经贸组织,形成了促进"边境开放"的国际经贸规则,为商品与要素等器物层面的跨境流动起到了协调与保障作用。随着商品与要素流动性的进一步提升及其引发的国际分工与全球价值链的质变,当前全球治理体系已难以适应其发展,引发国际经贸格局的更迭与动荡,经贸摩擦加剧、逆全球化思潮兴起,现行经济全球化的发展模式与路径以及主导规则及理念已无法与当前国际经贸的发展趋势相匹配,亟须向侧重"境内开放"的规则变革与调整并应对美国试图构建的以美国为中心的贸易新格局,以美国利益优先为核心的贸易新规则。

(三)稳步扩大制度型开放是实现更高水平对外开放的核心

1.稳步扩大制度型开放有利于增强国内大循环的内生动力和可靠性

在以国内大循环为主体、国内国际双循环相互促进的新发展格局下,稳步扩大制度型开放有利于增强国内大循环的内生动力和可靠性。稳步扩大制度型开放,通过对标高水平国际经贸规则和最佳实践,有利于明确要素市场化、完善产权保护、市场准入、公平竞争、社会信用等相关改革发力的突破口和关键措施,为资本、货物、服务、人才、数据、技术等在内的各类生产要素和产品服务的跨境自由流动和良性循环提供制度保障,进而打破经济体之间各类有形和无形壁垒,降低制度性交易成本,让市场在资源配置中真正起到决定性作用。通过统筹国内国际两个市场、两种资源,提高全球资源整合配置效率,引导资源要素向关键领域和优势地区集聚,推动产业向全球产业链价值链中高端环节攀升，实现经济转型升级和新旧动能转换。

2.稳步扩大制度型开放有利于培育国际竞争新优势

稳步扩大制度型开放有利于培育国际竞争新优势，提升国际循环质量和水平。稳步扩大制度型开放，加快完善与国际投资、贸易通行规则和规制以及生产管理和标准等相衔接的经贸制度体系和监管模式，增强国内与国际在规则、标准、规制等方面的统一性、兼容性和协调性，营造市场化、法治化、国际化一流营商环境，形成高质量发展的制度基础，有助于为技术、服务、人才、数据等高级生产要素的跨境自由流动和良性循环提供制度保障，从而加快形成吸引全球高端要素的引力场。

（四）双循环新发展格局下制度型开放进路

1.在国内国际双循环层面：投资贸易制度体系接轨国际

百年未有之大变局下，以WTO为代表的传统经贸规则面临日益严峻的挑战，新的投资贸易规则在新一轮科技革命和产业变革催生下正在加速形成，世界进入了以经济分工重组、规则体系重构为特征的全球化时代。重庆应当抢抓以《区域全面经济伙伴关系协定》（RCEP）、《全面与进步跨太平洋伙伴关系协定》（CPTPP）、《数字经济伙伴关系协定》（DEPA）等为主的国际高标准经贸规则重构机遇，充分发挥自贸试验区"试验田"作用，以自贸试验区为重点，深化重点领域"边境后措施"改革，落实准入后国民待遇，促进要素、资源、商品跨境循环，实现国际双向投资、国际贸易更加便利化。待相关成果具备条件后再在全市推广实施，形成"以自贸试验区先行先试、辐射带动全市域"的投资贸易制度创新与国际接轨的发展路径。在具体实施过程中，聚焦服务精准扩大有效投资、产品及服务高质量供给、高端要素精准供给，从外商投资、投资促进、对外投资角度探索构建与国际高标准接轨的双向投资制度体系；聚焦服务国际贸易发展质效提升、内畅外联现代流通网络构建，吸聚高能级流通主体、高端要素，从口岸通关便利化、陆上贸易规则、贸易方式创新等角度探索逐步消除产品服务及资源要素跨境流动障碍。

2.在国内大循环层面：形成统一大市场

畅通国内大循环，主要依托强大国内市场，形成需求牵引供给、供给创造需求的更高水平动态平衡。重庆应以成渝地区双城经济圈建设为战略牵引，以协同共建区域大市场为重点，在行业管理标准、统一市场体系等领域逐步消除制约区域资源要素市场化配置的制度障碍，在制度型开放发展中进行引领、在辐射区域中协作共赢，探索形成一整套经验，辐射带动成渝地区乃至西部地区市场规则统一，更好服务国家建设国内统一大市场。具体实施过程中，通过制度型开放打破行业垄断、市场分割、行政区划边界限制，破除商品及资源要素流动制度性障碍，形成从点到面的突破，引领成渝地区乃至西部地区商品、要素自由流动。

二、稳步扩大制度型开放

制度型开放是推动重庆高水平对外开放的必然要求，重庆市委六届二次全会提出，稳步扩大制度型开放，重庆内陆开放高地建设要顺应经济全球化新形势和推动更高水平对外开放的内在要求，主动扩大与国际规则接轨的力度，实施更大范围、更宽领域、更深层次的主动开放，从高标准国际经贸规则的跟随者和接受者向参与者和制定者转变；在高水平对外开放中统筹发展和安全，有序地扩大金融、科技、数字经济、绿色低碳等领域制度型开放，构建制度型开放框架下维护国家安全的新型体制机制。

（一）深化贸易自由化便利化改革

1. 推动新型贸易方式制度创新

深化服务业扩大开放综合试点建设，用好试点政策红利，进一步提升金融服务贸易水平，探索在重庆自贸试验区内试行跨境服务贸易负面清单制度。深化数字贸易制度创新，扩大与"一带一路"沿线国家及城市开展数字贸易合作，放宽数字贸易重点领域市场准入，积极创造条件申请开展属地网络游戏内容审核试点；对标《数字经济伙伴关系协定》（DEPA），创新探索建立以数据分级分类规则、数据跨境流动安全评估规则、数据保护能力认证规则、跨境数据交易规则、跨境数字贸易"沙盒机制"等为核心的数字贸易规则体系；探索创制数据确权、数据资产、数据服务等交易标准及数据交易流通的定价、结算、质量认证等服务体系，规范交易行为，以供应链管理、车联网、跨境电商、服务外包等重点领域数据出境为突破口，积极寻求与重要贸易伙伴通过双边、多边协议建立数据跨境流动认证等信任机制。深化市场采购贸易制度创新，探索跨境电商制度创新，围绕跨境电商需求推动扩大经认证经营者（AEO）互认范围，支持在重庆自贸试验区制定跨境保税线下业务监管办法和操作规程，推动跨境商品"存、展、销"一站式监管运营，探索建立以大数据为基础的跨境电商全球质量溯源系统。

2.持续探索陆上贸易规则

积极参与国家多式联运标准规则研究制定。持续推进多式联运服务规则创新，加快推动国际多式联运"一单制"试点，逐步建立和完善全程服务模式，推动在跨境公路运输方面开展探索。建立西部陆海新通道集装箱共享分拨体系，探索海运集装箱和铁路集装箱的共享和调拨规则。发挥中国（重庆）自由贸易试验区优势，推动完善多式联运单证标准规则和法律制度，依法依规探索开展基于多式联运"一单制"的单证、金融、保险服务。围绕陆上贸易相关环节进行全方位探索，推动铁路运输单证、联运单证物权化试点与多式联运规则、贸易金融创新等有效对接。探索陆上贸易纠纷解决机制，深入开展铁路运单物权化问题、铁路提单交易问题等涉"一带一路"、陆上自由贸易法律问题研究，推动形成陆上贸易法律问题裁判规则。推进中新贸易通商互信铁海联运"数字提单互联互认"合作，力争构建覆盖跨境贸易主要链条的电子化"一单制"互认机制。推进铁路运输单证金融服务试点和多式联运单证电子化应用，探索创设铁海联运货物全程保险"一单到底"。加大区块链金融服务平台西部陆海新通道融资结算应用场景的推广使用。

3.优化提升口岸通关监管效能

深化国际贸易"单一窗口"建设，探索在国际贸易"单一窗口"中添加国际贸易"单一窗口"预约申报功能，持续推动国际贸易"单一窗口"国际合作，共建涵盖查验设施规模和技术等级、物流装备技术性能、跨国物流运行规程、国际规则标准等进出口查验技术体系，探索数据信息共享、监管结果互认，实现国际物流一体化运作、国际中转快速通关；推进中新"单一窗口"合作，试点重庆与新加坡进出口货物"一单两报"，促进数据互联、单证互认、监管互助；积极争取第五航权，探索机场国际货站、中航国际货站和机场安检功能前置至国际快件中心。加强"减单证"改革举措，探索基于区块链的集装箱电子放货平台应用，实现全程电子放行。依托国际贸易"单一窗口"，深入推进无纸化方式申报，简化进出口环节随附单证。健全口岸通关合作机制，争取与日韩等RCEP成员国的相关许可证件的联网核查。探索建立中欧班列沿线铁路部门、海关等信息系统电子数据库的交换与共享机制。推动重庆、成都海关AEO高级认证企业便利化措施互认。

（二）深入对接国际高标准经贸规则

1.精准对接国际高标准规则进行

精准对标《全面与进步跨太平洋伙伴关系协定》（CPTPP）、《区域全面经济伙伴关系协定》（RCEP）、《数字经济伙伴关系协定》（DEPA）等国际高标准经贸规则，深化重点领域"边境后措施"改革，落实准入后国民待遇。全面落实RCEP先行示范区建设，全面对接RCEP框架下服务贸易高标准规则，进一步深化与东盟、欧盟等的经贸合作规划。坚持问题导向和需求导向，在外资准入、跨境服务贸易、数据流动、人才流动等重点领域推进深层次开放，先行先试、加大压力测试。同时统筹开放和安全，切实防范系统性风险，牢固树立风险意识和底线思维，更新监管理念，善用科技手段加强监管，完善监管规则体系和治理体系，建立健全风险应急处置机制，在扩大开放中提升风险防范能力。

2.完善高质量内外贸一体化的监管和标准体系

抓住内外贸一体化试点机遇，从畅通国内国际双循环的重要环节入手，针对国内外市场规则差异，在贸易自由化便利化、知识产权保护、电子商务、招标投标、政府采购等方面实行更高标准，深入推进内外贸监管部门信息互换、监管互认、执法互助。实施"标准国际化跃升工程"，以标准国际化助力打造内陆开放新高地。推动标准化工作与国际接轨，落实国家层面标准制度型开放的各项举措，推动我市标准化政策制度与国际并轨。建立以企业为主、相关方参与的国际标准化交流合作机制，支持市内机构和专家积极参与双多边合作机制下的标准化项目研究，推动重庆项目纳入双多边国际标准化合作平台，支持有条件的企业、行业组织、专业机构等开展国内国际标准比对，积极采用通过开放和透明程序制定的国际先进标准，参与国际标准制定，着力提升重庆标准国际化水平。

3.探索建立公平竞争规则

探索建立以公平竞争政策为基础的政策协调机制和市场竞争规则，全面实施产业政策公平竞争审查，将公平竞争审查作为制定和调整产业政策的必要程序。加强与产业政策制定部门会商，根据对公平竞争的影响程度，建立审慎使用的产业政策工具目录。实施产业政策适用例外规定第三方评估机制，防止排除、限制竞争的产业政策出台。探索实施公平竞争后评估制度，及时修订废止排除、限制竞争的产业政策。探索开展重点行业和领域市场竞争状况评估，提出促进重点行业、产业发展的政策建议，进一步健全公平开放透明的市场竞争规则。探索建立以数字化改革为突破口的反垄断监管效能提升机制进一步完善风险监控、风险预警、线索核查、调查处置、结果反馈的全链条闭环监管机制。探索建立以提升审查质量为核心的公平竞争审查刚性约束机制，开展涉企优惠政策目录清单制试点，条件成熟时，试点实施企业反垄断合规认证制度。鼓励企业建立反不正当竞争合规机制。

（三）完善双向投资适配政策体系

1. 放宽外商投资准入准营

落实外商投资准入负面清单，逐步扩大服务业领域开放，深化服务业准入后管理制度改革，借鉴海南自由贸易港在全国率先出台负面清单做法，争取在数字贸易、文化创意、生物医药等领域进一步探索缩减外资准入负面清单，提高外资准入负面清单与重点产业全产业链的精准匹配度。积极对接RCEP规则，放宽对东盟、日韩、澳新等国家和地区的投资准入范围，深化汽车制造、广播电视设备制造等制造业领域开放，加快推动科研和技术服务、电信、健康及社会服务、金融服务等重点领域实现更大力度的开放。探索实施市场准入承诺即入制，创新完善投资自由制度，争取外商投资建设工程设计领域审批权限下放，强化以过程监管为重点的投资便利制度。

2. 完善投资促进政策体系

构建高效的外商投资招引工作机制，推动在全市设立外商投资促进服务咨询点，推进面向欧洲、日韩、东盟、"一带一路"沿线等重点国家（地区）的招商工作；健全招商重点领域与主导产业精准对接机制，结合装备制造、汽车等在国内已粗具规模优势的产业领域，着力引育链主企业，补齐重庆重点产业链缺失环节，增强重庆乃至成渝地区产业链供应链稳定性和竞争力。完善投资全生命周期保障制度。强化外商投资实际控制人管理，建立健全外资企业联系员制度，尤其是要加强与外资链主企业的常态化沟通机制。完善外商投资金融服务体系。稳步推进本外币合一银行账户体系建设试点，探索建立跨国公司资金池本外币一体化管理，争取设立人民币国际投贷基金，收入开展QDIE（合格境内投资企业）、银行不良资产跨境转让等业务试点。

3.建立健全对外投资制度

推进对外投资便利化改革，支持企业开展多种形式的境外投资合作，推动企业走出去管理重心移向"事中事后"，形成"事前合规备案事后规范报送统计数据合规建设、投资障碍、安全事件、问题困难、人员信息"全链条"走出去"管理体系。健全对外投资服务促进体系，探索制定动态化的敏感行业、敏感国家和地区动态调整机制，探索建立对外投资合作"一站式"服务平台。推进国际产能合作制度创新，鼓励引入社会资本在自贸试验区内设立境内机构投资者投资基金和境外合作基金，加快"重庆标准"国际化推广，推动认证认可结果与主要贸易投资合作国家（地区）双向互认。推进在土地供应、税费减免、标准制定、上市融资、人力资源政策等方面给予外资企业公平待遇，保障内外资企业依法平等使用各类生产要素和公共服务资源。

（四）共建区域统一市场规则

1.建设区域行业管理标准体系

完善宽领域、深层次、一体化的行业管理标准体系。加快构建覆盖各个领域的标准体系，与成渝地区双城经济圈相关城市建立标准化协调和合作机制，聚焦重点产品和服务消费领域，形成一批具有国际领先水平的商品服务标准和行业规范。围绕重点领域加快推动行业管理标准探索创新和形成引领性标准，在产业变革关键领域，积极布局技术创新研发中心，以先进标准引领产业共性技术、关键技术研发实现突破。建立多元共治的行业管理标准跨区域协同创新机制，探索实施头部企业首席质量官制度、企业标准"领跑者"制度等。引导成立行业标准联盟，鼓励各区域平台企业、行业组织等联合研究制定新型行业标准体系。

2.共同推进区域市场一体化

促进市场准入和公平竞争制度衔接统一，探索成渝地区建立统一的"负面清单"市场准入规则，同步推动企业登记和许可在政策条件等方面的统一，全面落实公平竞争审查制度，加快清理、废除妨碍统一市场和公平竞争的各种非市场化规定和行为。强化市场立规建制能力，构建以信用一体化为基础的新型监管机制，加强与调解仲裁机构的合作，联合打造国际商事纠纷多元化解决平台，深化跨行政区域外商投资企业投诉处理协作机制。加快实现成渝地区企业信用信息联通，逐步形成统一的区域信用政策法规制度、标准体系和评级体系，完善反垄断执法体制机制，健全跨行业、跨区域监管部门协调配合机制，逐步消除选择性执法等不良现象。深化川渝知识产权保护协作，健全知识产权获权、用权、维权全链条保护体系，特别是深化两地知识产权执法协作，在跨区域知识产权联合执法、应急联动和协同处置等方面加强合作构建统一开放的要素市场制度，共同申请国家支持成渝地区要素市场化配置综合改革试点，探索实施统一的建设用地指标"人地挂钩"调配方式，联合争创全国能源价格属地改革试验示范区，探索建立统一的人力资源服务许可互认制度、从业人员职业资格证互认制度。

3.协同推进商事制度集成化改革

持续深化"放管服"改革，对标国际国内最高标准和最佳实践，最大限度精简行政审批事项和环节，推动电子营业执照跨领域、跨行业、跨平台互通互认，逐步实现成渝地区电子营业执照"一次验证、全网通用"；深入推进自贸试验区商事主体登记确认制改革试点，加快深圳、江苏等地商事登记确认制试点经验的复制推广，加强登记文件互认，降低企业跨区域制度性交易成本。加强制度集成创新提升政务服务便利化水平，深化"异地同标"便利化市场准入机制，推动成渝地区市场主体准入同标准、无差异、无障碍，深化工程建设项目审批制度改革，同步推动行政审批、企业投融资、市场监管、机构调整等方面配套改革，探索构建跨省跨区域"企业从注册到注销全链条、集成化、系统化改革"的准入准营服务制度。

第十三章

建设现代化国际大都市

建设现代化国际大都市，既是重庆贯彻落实党的二十大精神和国家战略的重要行动，也是重庆顺应城市发展规律和融入全球化的必由之路，更是新时代重庆加快建设内陆开放高地的客观需要。建设现代化国际大都市，必须深刻领会习近平总书记对重庆提出的"两点"定位、"两地""两高"目标和"四个扎实"要求，深入对接国家对重庆的战略定位要求，充分借鉴国内外已成型的国际大都市发展经验，放大优势，补足短板，完善功能，逐步建成具有较强影响力的现代化国际大都市，在国家推动形成全面开放新格局中发挥更大作用，在建设内陆开放高地中展现新作为。

一、加快建设中西部国际交往中心

国际交往中心是城市国际化发展的高级形态，对全面展示城市的国际影响力、国际竞争力和推动当地经济社会发展具有积极作用。重庆加快建设中西部国际交往中心，除了不断提升经济发展水平，还要按照市第六次党代会的要求"加强对外人文交流，建设中西部国际交往中心"。

（一）强化统筹协调作用

1.发挥好规划引领作用

发挥好《重庆市建设中西部国际交往中心"十四五"规划（2021—2025年）》（以下简称"十四五"规划）的战略导向作用，按照构建"立足中西部，联通东盟，面向世界"的对外交往新格局思路，既要聚焦重点任务和薄弱环节对标对表"十四五"规划提出的六大类27项指标，也要根据国际环境、经济水平、人文交流的发展变化做出调整和优化，在保持专项规划稳定性长期性的基础上，确定年度工作重点，清单化管理，项目化推进。

2. 发挥好工作机制效能

进一步完善市、区县两级工作机制，既要充分发挥好市级领导小组的顶层设计、战略谋划作用，也要发挥好区县党委外事工作委员会的统筹协调作用，按照全市上下"一盘棋"思想，将建设中西部国际交往中心列入年度重点工作推进落实，坚持政务、经贸、人文交往三轮驱动，用好外事、外资、外贸、外宣等资源，发动协会、商会、华人华侨等力量，达成共识、凝聚合力，加快形成全域共建、全域共融、全域共享的中西部国际交往中心发展新局面。

3. 统筹好涉外资源

进一步统筹涉外资源，立足资源优势，突出特色化、差异化、个性化发展，协调好涉外资源的空间布局、涉外项目的建设规划、外事外商机构组织的引进和落户、会议会展赛事的打造和组织，做到行政区和功能区的适度分离，上下联动、左右协同、凝聚合力，引进、提升、打造系列国际交往品牌项目。积极争取国家支持，推动更多重大主场外交和元首外交及多边外交活动在渝举办，促进更多重大国际会议永久会址落户重庆，引进高层级的品牌项目，着力提升我市涉外项目的能级，加快建设国际会议目的地。持续办好智博会、西洽会、中新金融峰会、陆海新通道国际合作论坛等品牌活动，提档升级重庆英才大会，巩固提升现有经贸活动品牌活动影响力。推进国际活动从数量向质量提升，活动项目从分散向聚集转变，活动品牌从一次性向可持续性发展，积极打造一批世界知名的国际品牌活动。

（二）提升人文交流活跃度

1.深化人文交流互鉴

人文交流是建设中西部国际交往中心的支点，深化人文交流互鉴要坚持官方和民间并举，也要坚持"走出去"和"引进来"双向发力。深化友城和友好交流城市的经贸人文交流。探索建立常态化的友城交流机制，开展常态化的交流活动，密切与友城的联系。建设友城陈列馆或展示区，汇集友城资源，打造特色化国际交往功能区。充分发挥国际友城、驻渝领事馆、国际非政府组织及华人华侨等作用，加快建立政府、高校、企业、社会组织等广泛参与的对外人文交流格局，全方位开展具有重庆特色的人文外交。充分发挥市级各职能部门在对外交往中的策划、引导作用，推动、协助、支持各级各类民间交往活动的开展，进一步下沉人文交流重心，加强教育、科技、文化、旅游、体育等方面的交流和合作，切实增强中外人民的参与度和获得感。进一步创新交往方式，丰富交流内涵，坚持"走出去"和"引进来"双向发力，将人文交流与合作理念融入对外交往各个领域。

2.加强国际文化体育旅游交流合作

文化、体育和旅游是人文交流合作的重要内容，好似黏合剂，将政治、经济、社会关系联结起来，形成各自国家和民族的特色，因此，要加强国际文化、体育和旅游交流合作，组织开展文化交流、文艺演出等活动，加大旅游宣传推广，强化民间体育交流，共同开拓新的发展空间。继续办好中国长江三峡国际旅游节、重庆国际马拉松锦标赛、中国国际山地户外运动公开赛（重庆·武隆）等国际节会赛事。争取一批高层次高水平的重大国际体育赛事在渝举办，加强中外体育人才交流。推进体育与文化、旅游深度融合，打造特色体育活动品牌，培育壮大体育产业，充分发挥体育的独特功能与价值。深挖三峡、火锅、川剧、吊脚楼等巴渝文化特色元素，用好大足石刻、铜梁龙舞、綦江版画、重庆川剧院等本土特色文化品牌，充分展示巴渝风貌乡土人情，传播中华优秀传统文化。支持武隆、大足、巫山等区县推进旅游国际化，打造区域旅游目的地国际化发展示范样板。

3.加强国际教育科技医疗交流合作

构建立体式、全方位国际交流新格局，充分发挥中外人文交流教育试验区作用，实现出国留学和来华留学人员规模和质量双提升，大力推进重庆市国际化特色高校（项目）建设，深化教育领域务实合作，支持符合条件的高校与"一带一路"沿线国家和地区开展双边多边合作办学培训。聚焦新一代信息技术、新能源、新材料、节能环保、大健康等重点领域，加强国际科技合作。推动与共建"一带一路"国家加强教育科技医疗等学术交流，共建健康丝绸之路，鼓励有条件的高校、院所组织举办高端国际学术会议及论坛，共商共建共享合作平台。

（三）提升城市形象知名度

1.彰显山水之城、美丽之地的独特魅力

依托重庆具有比较优势的人文特色、山水禀赋和独特的城市形态，强化两江四岸城市发展主轴功能，加快打造世界性的旅游目的地，大力塑造和营销"山水之都·美丽重庆"城市品牌，以现代化的理念、方式系统优化生产、生活、生态空间，让自然禀赋和现代城市浑然一体，让文化底蕴和独特人文气质交相辉映，更好彰显山水之城、美丽之地的独特魅力。重点塑造渝中半岛、重钢生态江

岸、铜锣峡山水画廊、悦来国际交往湾区四大世界级城市亮点地区，打造好"长江三峡线""文化遗产线""自然遗产线"三条旅游主题线路。强化重庆火锅、朝天门、解放碑、长江三峡、大足石刻、红岩村等城市文化符号，进一步丰富城市文化内涵。优化城市整体风貌，加强城市规划设计，坚持山水、建筑、滩涂、桥梁和灯光一体打造，系统重塑山城江城现代化国际大都市风貌。

2. 彰显历史底蕴和人文精神

抓好历史文化保护传承和活化利用，系统搜集、整理体现重庆城市历史文化的重要文化形态、文化活动事件、文化人物、文化成果、文物文献、民族民俗等资料，延续城市文脉，做到以文化人，让城市"颜值"更高、气质更佳，提升重庆城市文化价值。提炼总结具有重庆格局、特色，鲜明对比度的城市精神，将重庆人的顽固拼搏、负重前行、同心勠力的精神贯穿于重庆城市精神的内核中去，从而达到凝聚城市社会各阶层共识、激发城市蓬勃活力、彰显重庆城市风度、推进重庆经济社会各项事业稳步向前发展的目的。

3. 加大国际宣介力度

发挥好以重庆国际传播中心为主的国际传播作用，以国外受众喜闻乐见为导向，精准确定报道选题、进一步强化报道规范、报道频次、报道强度，增强传播效果。依托国际国内主流媒体、民间对外交往力量，发挥国际友城、国际友好交流城市、海外孔子学院等作用，构建具有鲜明重庆特色的战略传播体系。要充分运用经贸互动、国际会议、节庆展会、体育赛事、文旅活动等载体，综合采用传统媒体和新兴媒体，加大国际宣介力度，拓宽传播面，着力提高重庆的对外知晓度和国际影响力。建强适应新时代国际传播需要的专门人才队伍，掌握国际传播规律，提高传播艺术，进一步增强国际传播的亲和力和有效性。

（四）提升城市环境舒适度

1. 赓续国际交往历史文脉

加快建设重庆外交外事历史陈列馆。深入挖掘和研究我市对外交往历史，做好二战同盟国驻渝外交外事机构旧址群保护和展示，切实推进重庆外交外事历史陈列馆建设。完善重庆开埠遗址公园的配套建设，加强研究应用，延续国际交往历史文脉。

2. 提升国际语言环境建设规范化水平

着力改进我市国际语言环境建设规范化水平。组织实施好《重庆市公共场所标识标牌英文译写规范》，大力推进公众场所标识标牌双语化，持续优化城市国际语言环境。搭建外语标识网络信息服务平台，通过政府门户网站或微信公众号公布外文译写规范及常用外语标识译法等，为规范设置和使用外语标识提供咨询、查询服务。

3. 培育国际机构集聚区

强化功能指引，加快培育国际机构集聚区，争取更多领事机构落户重庆，吸引更多国际组织、世界500强等来渝设立办事处或分支机构。加快建设广阳岛国际会议中心、寸滩国际邮轮母港等国际交往设施，规划建设国际人才公寓，实施国际化示范街区改造等项目，打造若干个品质高端、具有国际化设施环境、国际文化氛围浓郁的国际社区，营造有利于国际组织集聚的国际化社区氛围。探索建立现有各种区域性组织与国际组织开展密切交流合作的有效机制，充分利用各类国际资源服务城市发展。建立在渝外籍人员服务管理综合信息共享平台，推进重庆国际组织机构的发展环境列全国城市前列。

4.提升涉外政务服务水平

启动各类政务服务多语种咨询服务信息化项目建设,及时更新政务平台英文版面,精准翻译涉外政策文件,开展涉外人才和业务培训,不断提升"一站式"涉外政务服务水平。引进培育一批国际交往高端智库,围绕国际交往中心功能建设过程中的重点、难点、热点问题,开展前瞻性、针对性、储备性理论和政策研究,切实发挥好思想库和智囊团作用,为国际交往中心功能建设提供智力支撑。

二、建设国际消费中心城市

国际消费中心城市是以国际大都市为依托的高度繁荣的消费市场,是消费城市的高级形态,是全球消费资源的配置中心以及引领全球消费发展的创新高地,也是对接全球消费市场、吸引全球消费者的枢纽和平台。培育建设国际消费中心城市,是重庆建设现代化国际大都市、构建以国内大循环为主体、国内国际双循环相互促进新发展格局的重要举措,是推动经济高质量发展和新一轮更高水平对外开放的重要举措,也是落实党的二十大重大战略部署的重要举措。重庆要聚焦"国际"目标,紧扣"消费"主题,突出"中心"功能,彰显城市特色,提升消费环境舒适度、加快推进国际消费中心城市培育建设。

（一）打造国际消费资源多元融合集聚地

1. 集聚全球优质市场主体

聚集全球优质市场主体，吸引国际贸易品牌企业、大型商贸企业、优质服务企业、中高端消费品牌跨国企业来渝设立全球总部、地区总部或研发中心等功能总部。积极引进国际国内一线品牌，支持在渝开设品牌旗舰店、概念店、体验店、融合店等，提高高端品牌投放首位度。科学合理规划建设城市商业空间，重点打造一批集聚世界高端品牌、本土优质品牌和集购物、餐饮、文化、体验为一体的具有国际影响力的消费地标，把全世界的商品、资金、人流及购买力吸引过来，为全球消费者提供更多消费选择，打造全球消费目的地。

2. 聚集全球优质商品和服务

提高商业和服务业开放水平，积极引进全球高端消费产品和服务，以最丰富、最齐全的产品和服务，让国际消费中心城市真正成为"买全球、卖全球"的世界消费枢纽。以服务业扩大开放综合试点为契机，大力培育健康、养老、托育、家政、教育、文化、体育、旅游等服务业，引进研发设计、培训咨询等领域知名专业服务机构，积极培育发展引进全球高品质商品和服务资源，推进楼宇经济提质发展，提升服务业国际竞争力和整体发展水平。建设进口商品分销体系和"一带一路"进出口商品集散中心，提高全球品牌聚集度。创新性建设和运维面向全球的国际消费运作平台，培育引进国际展会，提升现有展会规模和层级，依靠国内国际知名品牌力量，助推国际国内品牌引进，构建多元融合的全球消费品牌集聚区，提升对世界消费产品与服务的全球配置能力。

3.打造全球知名的国际消费市场

对照国际标准，突出中国特色，融合巴渝元素，提能打造国际消费场地。加快推动解放碑等中央商务区建成国际消费中心城市核心区、全球著名旅游目的地，推进寸滩国际新城一港三区互促互融建设打造国际旅游、购物、贸易、交往互促互融的国际消费中心城市核心承载地、城市形态展示新高地，提质扩容观音桥商圈，建成汇集全球优品、融入国际时尚、引领夜间经济的世界知名商圈，构建国际化的高品质消费场地。立足重庆历史文化、民俗风情、生态美景等特色元素，紧跟国际消费新趋势，加快商文旅体消费扩容提质、深度融合，统筹推进国际购物、美食、会展、文化、旅游五大名城建设，打造重庆特色消费名片，推动重庆从"服务消费洼地"向"服务消费高地"迈进。

（二）加快发展新型消费

1.优化发展新兴特色消费产业

聚焦大数据智能化产业与传统消费产业的融合创新，探索传统消费业态的内容拓展、价值升级和形式创新，拓展智慧服务+、体验服务+、定制服务+等新兴消费产业，促进创意体验、文化旅游、会议展览、医疗健康、教育培训、养老养生、家政服务等特色服务消费产业的数字化、体验化、精准化升级赋能，构建"网络体验+消费"开放式数字消费生态圈。推动制造业与消费业产业深度融合，创新多元主题的沉浸式体验消费场景，推广定制消费、体验消费、时尚消费、智能消费、网红消费等消费新方式，促进消费服务向高端、高附加值和多元化升级。

2.培育发展消费新业态

依托互联网科技与新兴数字经济，培育发展消费新业态，加快数字消费新业态的创造性运用，重点推动互联网、大数据等与各类消费场景和细分消费领域融合。促进网络消费新业态线上线下高度融合，推动社区、商圈、实体商业、交通枢纽、旅游景区等节点服务功能的数字化、智能化、共享化。加强新兴沉浸式消费新业态拓展，以特色商圈、休闲街区、旅游景点等为重点区域加快布局，促进城市消费与城市宣传强互动深联结。以模式创新引导传统消费向智能消费、健康消费、绿色消费、时尚消费升级，并以夜间经济、体验经济、二手经济、节庆经济、会展经济等新经济形式推动传统消费扩容增量。

3.推动消费融合创新发展

着力挖掘文化教育、医疗康养、体育会展、艺术欣赏、旅游休闲、信息网络等服务型消费，提升消费的国际化、品质化和个性化，构筑物质消费、精神消费、知识消费、文化消费联动融合、协同发展的消费生态体系，重塑带动经济增长的"大消费"动力。鼓励新型消费企业搭建开放平台赋能传统消费业态数字化转型，推动传统企业产业链、供应链协同融合发展，形成传统与新型、线下与线上高效融合的消费新生态。积极引进数字创意、工业设计、广告制作等产业头部企业，促进巴渝消费创新，与国际时尚潮流融合发展，增强创意消费供给能力。

（三）全方位拓展消费市场

1.强化国际供应链控制力

加快健全商品流通国际物流体系，畅通消费品全产业链条，形成需求牵引供给、供给创造需求的更高水平动态平衡。以构建"买全球、卖全球"能力体系为目标，扩大开放以强化国际消费供应链控制力，加强引进和培育全球供应链"链主"企业，优化健全国际国内互补的消费供应链体系；高质量建设一批海外仓国际营销服务平台、消费品展示交易平台、国际消费品集散中心等，以高质量提升重庆国际贸易服务能力。

2.点亮夜间经济

释放夜间经济助推作用，打造特色不夜重庆。一方面，促进夜经济产业集聚，围绕"街区、后街、天台、江岸、步道、洞穴"等独有消费场景，发展"趣味性、特色性、新颖性"的文娱业态及沉浸式消费业态，为夜经济发展提供多元特色消费空间。另一方面，做强不夜特色服务品牌，激发夜间消费活力，突出"山、水、桥、城"四大元素，丰富"夜味、夜养、夜赏、夜玩、夜购"等"五夜"业态，培育渝中洪崖洞、江北大九街、南山壹华里等夜间经济集聚区，打造兼具烟火气、巴渝风和时尚潮、国际范的全球夜间消费高地。

3.畅通国内国际市场

立足新发展格局，深化"走出去"和"引进来"战略，发挥重大项目牵引和政府投资撬动作用，促进消费市场内外联通、资源共享，疏通国内国际消费前中后端堵点。

（四）营造一流国际消费环境

1.提升消费服务精细化水平

创建"舒心顺心、安心放心"的消费体验环境，营造一流营商环境，深化"放管服"改革，推进营商环境创新试点，营造市场化、法治化、国际化营商环境。对标国际一流服务标准，大力提升城市服务质量。促进窗口型国际消费场所、消费网点服务、路牌指引、宣传用语国际化、标准化、口碑化建设。完善消费市场监管机制，加强重要商品追溯体系和消费信用体系建设，营造安全放心诚信消费环境。

2.构建适应国际消费中心城市发展要求的制度体系

加快推动政策创新集成化，对接国际通行规则，构建适应国际消费中心城市发展要求的制度体系。对标高标准国际经贸规则，持续深化数字贸易等领域制度创新。加强政策系统集成，将国际消费政策作为自由贸易试验区、服务业扩大开放综合试点等制度创新内容，持续深化研究专项国际化政策，落实相关支持政策。强化监测评估，建立国际消费中心城市评估指标体系和统计监测制度。

3.进一步完善基础设施体系

实施城市更新行动，优化自然人文环境，完善涉外医疗、教育等配套设施，打造"近悦远来"的高品质生活宜居地。加快建设国际性综合交通枢纽城市，建立完善面向全球、抵离便捷、接驳高效的立体交通物流网络，构建现代流通体系。加快公共场所国际化引导标识和便利化服务设施规划建设，统筹建设全市公共交通枢纽、商圈、景区、城市休闲街区等各类消费场景的多语种标志、标识体系，加快导览、导游、导航一体化兼容。充分利用数字治理优势，推进国际化结算和货币兑换平台建设。

三、营造国际化一流营商环境

营商环境是企业等市场主体在市场经济活动中所涉及的体制机制性因素和条件，是影响经济增长、创新创业和民生福祉的重要因素。营造国际化一流营商环境，是重庆进一步推动内陆开放的重要举措，也是建设国际一流营商环境样板城市的内在要求。因此，重庆要全面贯彻落实中共二十大精神，按照市委六届二次全会部署要求，统筹推进营商环境创新试点城市和世行新一轮营商环境评估，聚焦市场、法治、政务、创新打造国际化一流营商环境。

（一）营造公平竞争的市场环境

1.全面落实市场准入负面清单制度

以负面清单管理制度为指引，明晰政府与市场的边界。明确市场经济活动中政府职能和活动范围，从制度上减少和避免政府对市场的无效、低效干预行为，坚决维护"全国一张清单"管理要求的统一性、严肃性和权威性，做到"一单尽列、单外无单"。持续加强市场准入规范管理，完善反垄断反不正当竞争规则，最大限度地为规范有序的市场环境提供空间。积极构建权利公平、机会公平、规则公平、信息公开和信用承诺机制，保障民营企业、国有企业和外资企业等各类市场主体在资质许可、公平准入等方面享有同等准入条件，确保任何市场主体不受歧视性对待。

2.深化企业全生命周期改革

围绕企业全生命周期集成服务，聚焦减环节、减时间、减材料、降成本，深化商事登记、工程项目审批、投融资机制等改革，提升企业全生命周期行政审批便利度。围绕企业全生命周期重要阶段，滚动推出新的"一件事一次办"集成服务，全力推进高频"一件事一次办"集成服务实现全流程网上办理，努力对重点领域和高频事项基本实现"网上办""一次办"全覆盖，加强监督考核，用好政务服务"好差评"制度，由企业群众来评价服务绩效和改革成效，加强宣传引导，引导企业群众体验和办事，让企业群众爱用、常用，持续扩大"一件事一次办"覆盖面和品牌影响力。

3.全面落实公平竞争审查制度

开展常态化的公平竞争审查，引入第三方机构，对各区县、市级有关部门公平竞争审查制度实施情况进行评估，构建"专业机构独立评估、专家团队集体研讨、专门会议审定结果、专函督促限期整改、专项跟踪整改效果、专题报告评估情况"的"六专"模式。健全完善公平竞争审查机制，为强化反不正当竞争工作提供制度保障，纵深推进数字赋能智慧监管水平提升，畅通市场主体问题反映和投诉渠道。

（二）打造高效便捷的政务服务环境

1.创新行政管理和服务方式

以数字化变革为引领，创新行政管理和服务方式，构建泛在可及、智慧便捷、公平普惠的数字化政务服务体系。加快推广应用"渝快办"政务服务平台和"渝快政"协同办公平台，深化"一街综办"政华，打造"全渝通办"政务服务品牌。持续深化PC端、移动端、自助端、大厅端服务的"四端"联动，促进行政服务中心效能提升、组织变革，优化乡镇基层便民服务机构职能。实施"减证便民"，行动，推动"多证合一证照分离"改革事项扩面，最大程度降低制度性交易成本。创建外资企业智慧服务云平台，升级外商投资全流程服务体系，健全外商投资"行政服务管家"制度。

2.深入推进政务服务"一网通办"

加快推进部门业务系统与"渝快办""渝快政"平台全事项全用户对接融合，促进信息系统互联互通、数据按需共享、业务高效协同。结合我市实际，制定"一网通办"管理办法。以"一件事一次办"为抓手，推进政务服务事项流程重塑，加快政务信息系统整合互通和数据归集共享应用，大力推进落实减环节、减材料、减时间、减跑动工作要求，努力推动与企业群众生产生活密切相关的重点领域和高频事项基本实现"网上办""一次办"全覆盖。

3.全面推进政务服务事项标准化管理

严格落实政务服务事项动态管理机制，规范线上线下融合服务，实现数据同源、动态更新、联动管理。按照最小颗粒度原则，加强事项标准化梳理，全量推进全市2800余项政务服务事项达到"同事同标"、1500余项高频政务服务事项就近可办要求。推动企业事项向区县政务服务中心集中，个人事项向乡镇（街道）便民服务中心集中，更多公共服务、便民服务事项向村（社区）便民服务站延伸，加强"就近办、家门口办"事项清单动态发布和管理。

（三）优化法治化营商环境

1.提升涉外法治水平

全面贯彻《中华人民共和国外商投资法》及其实施条例，推进开放领域地方立法进程，深入研究"一带一路"以及西部陆海新通道沿线国家和地区的法律制度，对标国际通行规则，以立法引领改革，保护外商投资合法权益，营造内外资企业一视同仁、公平竞争的良好环境，不断缩小与国际一流营商环境的差距，推动建设内陆国际争议解决中心，完善诉讼、仲裁与调解一站式纠纷解决机制，加大外商投诉事项协调处理力度。加强外国法查明研究，拓展商事法律服务领域，创新服务模式，协助企业更好地参与国际竞争。规范涉外行政处罚自由裁量权，加强行政执法综合管理监督信息化建设，定期开展涉外行政执法专项监督检查。大力发展涉外法律服务机构，建设高素质专业化的涉外行政执法队伍和审判队伍，提高涉外法律服务能力。

2.提高行政司法领域数字化水平

加快推进智慧法治建设。行政执法和司法审判作为政务营商环境重要组成部门，在涉企工作上对市场主体满意度发挥关键作用。加快前沿技术应用，对涉企犯罪案件进行数据采集、分析、评估和预警，提高办案效率和精准度。推进智慧法院、智慧检察院、智慧公安等智慧法治建设，提升司法公信力和公众满意度。提升行政执法监管效能，强化"互联网+监管"，依法保护市场主体产权和合法权益。加强宣传纪检监察系统"12388"、组织系统"12380"等举报电话和网络举报平台，加快解决责任落实不到位，不作为和乱作为问题。不断提高法治政府水平和服务效能，提升市场主体信任度。

3.建立公正高效的司法制度

全面落实最高人民法院、最高人民检察院为保护企业产权和企业稳定发展、构建良好的法治化国际营商环境出台的系列政策和文件，紧紧围绕推进共建"一带一路"提供司法服务与保障开展工作，提升司法服务保障"一带一路"、西部陆海新通道建设的自觉性和主动性。优化司法功能，依法平等全面保护各类市场主体权益，准确理解适用《外商投资法》，完善知识产权司法保护工作机制，强化内陆开放高地司法保障，以铁路提单制度创新推动"一带一路"陆上贸易规则创新。提升司法保障内陆开放高地建设整体效能，充分发挥两江新区（自贸区）法院职能作用，推动诉讼、仲裁与调解融合发展，推广法治化营商环境司法评估指数体系，提升涉外商事诉讼智能化水平，健全典型商事案件发布机制。

（四）打造开放包容的创新环境

1. 全面深化改革创新

正确处理市场和政府关系，推动有效市场和有为政府更好结合，强化市场在资源配置中的决定性作用，最大限度减少政府对市场资源的直接配置和对微观经济活动的直接干预，全面推进营商环境综合性改革，实现市场与政府良性互动。持续推进"放管服"改革，打造便利的市场环境和高效的政务环境，最大幅度释放准入、准营、减税降费等政策效应，全面提振市场主体信心和活力。推进深层次系统性制度重塑，推动形成公平竞争的市场环境，降低制度性市场交易成本，保障各类市场主体平等使用生产要素、平等享受政策，构建亲清政商关系和健康生态。

2. 切实强化数字赋能

聚焦推进数字政府、数字社会等，统筹运用数字化思维、数字化技术推动数字重庆建设，促进治理模式变革、方式重塑、能力提升，加快构建现代化治理体系，以数字化赋能现代化新重庆建设。优化数字营商环境，坚持科技赋能产业发展，加快推动数字产业化和产业数字化，促进数字经济和实体经济深度融合，推动各类要素高效配置，为产业发展"赋能、赋值、赋智"，实现产业链、资金链、创新链的全面融合，助推重庆数字经济高质量发展。加快《重庆市数字经济发展条例》立法进程，积极建设国家级数字化转型促进中心，加快打造重庆市产业软件开源社区。

3.激发市场主体创新创业活力

聚焦产权保护、市场准入、公平竞争、社会信用等问题，探索适应新业态新模式发展需要的准入准营标准，保持稳增长政策力度、持续提升服务市场主体能力。落实企业科技创新奖励政策，支持"一企一技术"建立研发平台，鼓励企业开展校企多元化合作。推进市场准入制度改革创新，着力降成本、稳经营、减负担、优环境，促进知识产权保护和运用，解决制约市场活力、社会创新力的深层次问题，激发市场主体活力。抓好"双创"基地项目培育，完善创业导师制度，推行租息减免，激发各类主体创新创业活力。

四、提升城市国际化水平

城市国际化水平是衡量一个城市在全球范围内配置资源要素、融入国际经济大循环、参与国际分工和国际竞争的能力。当前，重庆提升城市国际化正处在良好机遇期，重庆要找准在世界城市网络体系中的位置，对标世界范围内国际化先进城市，以建设区域性国际城市为目标，从产业、城市功能、人居环境三个维度，不断完善城市的国际化功能，努力在国家中心城市建设中提质进位，绘出现代化国际大都市建设的新画卷，让"国际大都市"的风范更具魅力。

（一）提升产业国际化水平

1. 强化资源要素配置全球化

资源要素配置全球化是产业国际化的核心，一个城市产业国际化的过程，是该城市产业嵌入全球产业链、供应链、价值链的过程，亦是实现产业发展所需生产要素在全球范围内优化配置的过程。提升重庆产业国际化水平，关键是要增强重庆配置全球生产要素的能力，这是提升重庆国际竞争力的根本所在。要全面融入和服务新发展格局，着力打造作为国内大循环中心节点、国内国际双循环战略链接的新重庆。要实施更高水平、更大力度的对外开放，着力完善与国际投资贸易通行规则相衔接的制度框架体系，大力发展链接国际国内的外资外企，大力吸引集聚包括总部企业、高端服务在内的多功能、高能级全球服务机构，使重庆成为总部企业的集聚高地、各类流量高频汇聚之地。

2. 提升企业国际化经营能力

企业国际化是产业国际化的微观基础。提升重庆产业国际化水平，必须着力提升重庆企业国际化水平。积极培育具有国际影响力的本土领军企业，做强做优头部企业，支持这些企业深度融入全球产业链、供应链、价值链，提升研发创新和产业链带动能力。鼓励创新型头部企业运用资本投入等方式打造"双创"平台，带动提升产业链协作配套水平，形成以龙头企业为引领、众多中小微科技型企业蓬勃发展的格局。支持各类社会资本设立创业投资企业，撬动社会资本参与创新平台建设、重大科技成果转化、高精尖产业孵化、独角兽企业培育。

3.加快建设现代产业体系

现代产业体系是产业国际化的重要支撑。要以成渝地区双城经济圈建设"一号工程"为统领，聚焦"产业结构、产业组织、数字经济、科创生态"四大关键，构建产业新体系，培育数字新动能，提升企业竞争力，打造绿色新模式，推动实现质的有效提升和量的合理增长。加快实施产业基础再造和产业链提升工程，着力提升产业基础高级化、产业链现代化水平。聚焦电子信息、汽车、装备制造、新兴材料等重点产业，抓紧补短板、强弱项，加快培育世界级先进制造业集群，推动相关产业迈向全球价值链中高端，努力把重庆打造成在全球有重要影响力的高端制造业基地。着力强化高附加值零部件环节的进口替代和本地化的产业链配套，加快重庆制造业向高级组装、核心零部件制造、研发设计、营销网络等分工层级推升，逐步提高重庆制造在国际分工中的地位。

（二）提升城市功能国际化水平

1.提升城市经济功能国际化水平

推进重庆贸易便利化、服务设施和交往平台国际化水平提升，增强对全球高端生产要素的吸附力、集聚力。充分发挥重庆产业特色明显、产业基础雄厚、技术创新能力较强的优势，坚持科技面向经济社会发展导向，围绕产业链部署创新链，围绕创新链完善资金链，着力提升重庆基础产业高级化和产业链现代化水平，推动重庆产业发展迈向全球中高端。充分发挥重庆经济腹地广、消费市场潜力足的优势，推动产业与消费良性互促，着力培育发展一批国际产品和服务消费新平台，打造具有较强国际影响力的新型消费商圈，加快建设辐射西部、面向"一带一路""近悦远来"的特色型国际消费中心城市。

2.提升城市科教创新功能国际化水平

以更加开阔的胸襟和更加开放的举措向全球招才引智，围绕重庆产业发展需求，充分发挥高科技企业、科技创新平台和旗帜性企业作用，面向全球吸引高端创新人才和创新资源。加快推进国际性产学研合作，吸引全球顶尖创新资源落地重庆进行核心技术攻关。加快"金凤实验室""两江协同创新区"建设，着力打造全国领先、全球一流的科技聚集协同科研创新平台。依托两江新区、自由贸易试验区、西部（重庆）科学城、高新区、经济技术开发区等功能平台，完善创新策源地生态，加快构筑高端科技创新平台，着力提升重庆科技创新国际竞争力。多措并举加快推进高水平大学和特色骨干高校建设，尽快解决优质高等教育资源相对匮乏问题，着力补齐重庆高等教育短板。

3.提升城市服务功能国际化水平

具有较高国际化程度的城市综合服务功能，是国际化大都市的显著特征之一。作为一个应以建设区域性国际化城市为发展方向的城市，重庆需要在全面提升城市服务功能国际化上狠下功夫，并以此来推动整个城市国际化水平的提升。重庆应从自身的禀赋条件实际出发，把构建国际综合交通枢纽服务体系、国际商贸物流服务体系、国际金融服务体系、先进制造业服务体系、国际科教创新服务体系、国际社会环境服务体系、国际交流交往服务体系等作为重要目标选项，统筹推进，全面提升城市服务功能国际化水平。

4.提升重庆城市文化功能国际化水平

文化是城市的灵魂和血脉，是城市居民的精神家园。提升重庆城市国际化，强化重庆文化国际化功能至关重要。要着力强化对重庆历史文化遗存和历史文脉的保护，推进历史文化传承创新，深入挖掘巴渝文化蕴含的时代价值。统筹运用好巴渝文化、三峡文化、抗战文化、革命文化、统战文化、移民文化资源，形成充分彰显巴渝风格和重庆魅力的文化产品和旅游产品，充分激发重庆文化的创新创造活力，加快建设更加开放包容、更具时代魅力的国际文化大都市和具有重庆特色、辐射西部的文化和旅游消费高地。按照"世界眼光、国际标准、重庆特色"的原则要求，强化城市文化设计，提升城市文化品质，丰富城市文化内涵，塑造城市形态风貌。着力繁荣发展重庆文化事业，加快文化产业高地建设，推动文化旅游融合发展。强化国际文化交流合作，整合各类文化传播资源，向世界讲好重庆故事，增强重庆城市文化的国际影响力和国际传播力，提升重庆城市文化的国际认可度。

（三）提升人居环境国际化水平

1. 加快提升城市公共设施国际化水平

推进重庆人居环境国际化进程，必须坚持以人为本理念，树立现代化思维，对标国际先进标准，着力提升重庆公共设施国际化水平，全面构筑城市国际化的硬件基础、物质形象和功能内涵。坚持规划引领，加快推进公共交通基础设施、市政工程设施、园林绿化设施、公共卫生设施，以及城市消防、防空、交通标志等设施建设，着力完善能够满足城市国际化功能需要的现代化公共设施体系。加快推进城市轨道交通线、城际铁路线等骨干型工程建设，以现代化的公共交通基础设施体系为推进城市国际化提供硬件保障。

2. 加快提升城市生活居住环境的国际化水平

优美的人居环境、优越的生活品质，是国际化城市的标配。要对标国际先进水准，按照功能现代、服务集聚、生态宜居要求，加快推进重庆生态和人居环境的优化和完善，着力强化提升生态环境和居住、国际教育、国际健康医疗、休闲商务、多元文化融合等城市功能，致力于打造宜居宜业标杆城市。在外籍专家、留学归国人员及其子女等居住密集的街区，要加快"15分钟生活圈"内教育、医疗、购物、休闲等国际化高端场所及配套设施建设，着力构建具有浓厚国际化氛围的街区空间体系，打造高品质国际化街区优质生活范本，探索形成具有重庆特色的国际化街区建设模式。积极倡导和推广国际化的社区生活方式，着力打造国际文化交流交融平台，加快构建开放、多元、包容的国际社区文化空间，不断增强外籍人士和留学归国人员对重庆的文化认同。

3.建设与国际对接的公共服务体系

优化涉外社会服务，大力引进国（境）外优质教育机构来渝举办外籍人员子女学校，鼓励境外资本来渝投资设立国际医院、康复中心、养老院等机构，建立适宜外籍人士就诊的"一站式"标准化就医流程，建设与国际大都市相适应、开放包容的健康医疗体系，引进国际先进医疗技术机构、医疗管理公司开展特色化、差异化医疗服务。大力发展国际特色教育，鼓励优秀跨国教育机构与市内教育机构开展人才、资本方面的合作，创办覆盖素质教育、职业教育、继续教育在内的多领域优秀国际课程体系。加强教育监管，保证国际化教育发展的正确方向。完善在重庆工作的外籍工作人员社会保障制度，将长期在渝工作、学习的外籍人士逐步纳入基本医疗保险、工伤保险和失业保险等公益性保障范畴。

第十四章

深化区域协同开放

围绕服务国家战略，深化多领域国内国际合作，更好地在西部地区带头开放、带动开放；深入推动成渝地区双城经济圈建设，推进"一区两群"协同开放。

一、强化国内国际合作

聚焦高质量共建"一带一路"、加快建设西部陆海新通道等，创新完善有形抓手和有效载体，抓好基础性、支撑性工作，更加注重在谋深做实上下功夫，吸引更多国家和地区积极参与，不断提升共商共建共享水平。

（一）加强"一带一路"国际合作

1.加快构建全方位对外交往格局

要积极融入国家对外开放总体布局，紧跟新时代中国特色大国外交战略部署，积极参与中非合作论坛峰会、中非地方政府合作论坛机制框架下的各项活动，不断巩固与非洲国家的传统友谊，助力中非全面战略合作伙伴关系建设；深度参与中国—东盟、中国—中东欧、上海合作组织、澜湄合作以及中美、中俄等多双边合作机制。要服务国家总体外交，全力配合国家总体外交，把中央战略意图贯彻到我市外事工作中去，落实落细各项任务要求，高质量完成中央交办的外事任务；牢牢把握全市对外交往重点方向，积极争取更多国家主场外交活动落地重庆。要充分发挥领事馆、友城、国际组织等桥梁纽带作用，积极推进与主要经贸合作国家和地区的合作

249

交流，进一步开拓国际友城交往空间；积极推动与沿线国家重要城市互结友好城市，开展城市交流合作，打造城市交流品牌。

2.深化多领域国际交流合作

进一步拓展国际合作空间。在巩固东盟、欧盟、日韩、美国等传统市场基础上，依托中新（重庆）战略性互联互通示范项目、西部陆海新通道、中欧班列（成渝）号等建设，最大限度地发挥区域合作在促进贸易和投资便利化方面的平台性和基础性作用，积极拓展与"一带一路"沿线国家经贸往来与产能合作，构建安全高效、分工协作的产业链供应链网络。深化与RCEP成员国经贸合作，建设RCEP先行示范区。以中国—东盟"1+10"合作框架、"澜湄合作"机制为载体，全方位推进与东盟十国的经贸合作；以中亚区域经济合作（CAREC）为平台，加强与哈萨克斯坦、巴基斯坦等中亚十国经贸合作；以中蒙俄经济走廊建设为依托，加强与俄罗斯和蒙古国经贸合作；推动中欧班列（成渝）向波罗的海国家延伸拓展，加强与匈牙利、塞尔维亚等中东欧国家经贸合作。加强与沙特阿拉伯、伊朗、土耳其、以色列、埃及等西亚北非国家的产能投资与经贸合作。积极推进国际人文交流合作。加快和扩大教育对外开放，共建西部陆海新通道职业教育国际合作联盟。共建"一带一路"科技创新合作区，建设"一带一路"国际技术转移中心，高标准办好"一带一路"科技交流大会。联合开展特色海外经济文化交流活动，推动优秀文化、文学作品、影视产品"走出去"，协同申办国际国内高水平大型体育赛事，加强高端智库国际交流。

3.提升对外交往载体

高水平建设欧洲重庆中心，打造中国与欧洲开展投资贸易和科技合作的重要载体。用好中新（重庆）战略性互联互通示范项目合作机制，打造国际交流平台。高标准举办常设性国际重点展会，依托西部地区产业基础和优势，培育一批专业展会，提升国际资源要素链接能力。联动成渝地区双城经济圈资源要素，高标准举办中国国际智能产业博览会、中国西部国际投资贸易洽谈会、中国西部国际博览会、中国（绵阳）科技城国际科技博览会等重点展会，依托成渝地区汽车、摩托车、通用机械等产业优势，培育一批专业展会，提升成渝地区国际资源要素链接能力。

（二）加强国内重点区域联动开放

1.加强对外交往国内合作

强化"一带一路"、西部陆海新通道的辐射作用，加强西部地区协调联动，共同提升西部地区国际交往水平。深化与东部地区交流互动，对接京津冀协同发展、粤港澳大湾区建设、长三角一体化发展等重大战略，创新利用东部发达地区对外交往资源，联动开展国际交往活动，促进项目、技术、人员等高效配置，主动与东部城市建立产业合作结对关系，链条式、集群化承接东部地区产业转移，强化科技创新合作，加大重大开放平台协同互动和通关合作力度。加强与长江经济带沿线省市协作发展，共同打造长江立体综合大通道，推动长江经济带发展和共建"一带一路"贯通融合。支撑引领西部地区高质量发展，联动关中平原、兰州—西宁城市群，深化能源、物流、产业等领域合作，辐射带动西北地区发展；加强与北部湾、滇中城市群协作，把出海出境通道优势转化为贸易和产业优势，促进西南地区全方位开放；深化与黔中城市群合作，支持綦江—万盛、南川、江津等加快建设渝黔合作先行示范区，带动黔北地区开放发展。

2.加快承接国际及东部地区产业转移

支持两江新区创建国家加工贸易产业园，加快西部科学城重庆高新区国家加工贸易产业园建设，探索以"共建、共管、共享、共赢"为原则，以制度和模式创新为重点，以产业链协同发展为目标，深化与东部地区产业对接、人才交流培训等合作。实施"承接产业转移东部行"行动，以西永综合保税区、两路果园港综合保税区为重点，推动电子信息产业补链强链延链；以江津综合保税区、涪陵综合保税区、万州综合保税区、永川综合保税区为重点，加快承接集成电路、医药化工、机床、运动器材等产业转移；鼓励渝东北、渝东南地区基于环境容量和承载能力，发挥要素资源禀赋优势，因地制宜承接纺织服装、鞋类、家具、塑料制品、玩具等传统劳动密集型加工贸易产业和加工组装产能转移。

二、深化成渝地区双城经济圈开放协作

以党的二十大和习近平总书记关于推动成渝地区双城经济圈建设的重要讲话精神为指引，落实《成渝地区双城经济圈建设规划纲要》，围绕推动形成优势互补、高质量发展的区域经济布局，牢固树立一体化发展思维，建立健全协同开放体制机制，加强重大事项开放协作，促进成渝地区协同扩大全方位高水平开放，拓展参与国际合作新空间，以高水平开放推动高质量发展，合力打造区域协作的高水平样板。

（一）建立完善协同开放体制机制

1.完善协同开放的战略合作机制

充分利用成渝地区双城经济圈建设重庆四川党政联席会议等机制，加强川渝两地开放规划对接，研究协同开放重大问题和重点工作。建立健全由川渝商务部门牵头，统筹推进成渝地区联手打造内陆开放高地各项工作的工作机制。加强对联手打造内陆开放高地工作推进情况的跟踪分析，建立开放型经济统计体系，探索开展开放发展环境综合评估，定期组织开展本方案实施情况的总结评估。注重政策协同，强化战略协作、工作协调，共同争取国家更大力度的放权赋能，在重点领域开展先行先试；创新推进成渝地区开放发展形象品牌推广，共用境内外宣传推广平台，营造有利于成渝地区协同开放的良好氛围。发挥好两地领事馆资源优势，在招商引资、缔结经贸合作关系、推动经贸合作等领域协同联动，共同争取重大外事活动、重大外经贸促进活动落地川渝，加强国际交流合作。

2.共同营造高标准协同开放的市场环境

持续优化"市场准入异地同标"机制，全面实施外商投资准入前国民待遇加负面清单管理制度，优化外商投资企业登记程序，深化成渝地区双城经济圈跨行政区域外商投资企业投诉处理协作机制，推进双城经济圈内同一事项无差别受理、同标准办理。推动信用一体化建设，逐步形成统一的区域信用政策法规制度和标准体系，推动信用信息开放共享。深化川渝知识产权保护协作，完善西部知识产权运营中心功能，推动两地知识产权创造、保护、运用和服务融合发展。积极开展跨境贸易安全与便利化合作，进一步加强协同互助，共同优化口岸营商环境。

（二）推动重大事项合作共建

1.共同构建对外开放的通道体系和物流体系

合力建设西部陆海新通道，共同拓展南向国际市场；共建中欧班列（成渝）号，共同完善通道运行网络，做强中欧班列（成渝）品牌；协力优化畅通东向开放通道，组建长江上游港口联盟，推动长江上游航运枢纽建设；协同打造世界级机场群，共同争取国家在航权、时刻方面给予政策支持。共同打造"一带一路"、长江经济带、西部陆海新通道联动发展的战略性枢纽。加快重庆内陆国际物流分拨中心、成都"一带一路"国际多式联运综合试验区建设，提高成渝地区重要港口、站场、机场的路网通达性，联合打造国家多式联运示范工程。加强物流协作，联动两地支点型物流节点，协同建设综合货运枢纽多式联运换装设施与集疏运体系，强化空铁公水联运组织。

2.共建高能级开放平台

加快川渝自由贸易试验区协同开放示范区建设。加大力度推进首创性、差异化改革，试行有利于促进跨境贸易便利化的外汇管理政策，探索更加便利的贸易监管制度，扩大金融、科技、医疗、贸易和数字经济等领域开放。推动川渝自由贸易试验区强化目标、领域、政策、产业、机制、时序等协同。在成渝地区双城经济圈复制推广自由贸易试验区改革创新成果，不断激发市场主体活力和发展内生动力，建设更高水平开放型经济新体制，打造具有国际影响力的内陆特殊经济功能区。

3.打造内陆开放门户

突出重庆主城都市区和成都双核引领作用，打造国际门户枢纽，带动重庆"两群"、四川"多支"联动开放。以重庆两江新区、四川天府新区为重点，优先布局国家重大战略项目、试点示范项目。以"一城多园"模式共建西部科学城。探索"飞地经济""一区多园"模式，共建产业园区，加快建设中德、中法、中瑞（士）、中意、中韩等国际合作园区，打造高端创新资源承载地。加强两地国家开放口岸和综合保税区功能协作，争取在符合条件且确有需求的地区新设综合保税区和保税物流中心。推动涪陵、綦江、合川、宜宾、资阳、遂宁等创建国家级高新区，有序推进重庆港水运口岸扩大开放有关港区，争取设立四川宜宾机场、南充机场口岸，积极推动团结村铁路口岸、成都国际铁路港口岸、宜宾港、泸州港正式开放，争取在符合条件的地区建设综合性指定监管场地，完善口岸功能。

4.高标准实施高层级开放合作项目

推进中新（重庆）战略性互联互通示范项目，持续丰富跨境发债，探索多种融资工具，提供基于供应链的跨境金融服务。持续推进中新（重庆）国际航空物流产业示范区、中新金融科技产业示范基地、中新（重庆）多式联运示范基地、中新大数据智能化产业示范基地"一区三基地"建设。开展中日（成都）城市建设和现代服务业开放合作示范项目，建设药物供应链服务中心、先进医疗服务中心，推动科技、金融等领域合作。

5.共同打造开放型产业体系

积极探索政府引导跨区域产业协作的新模式新举措，合力共建高效分工、错位发展、有序竞争、相互融合的现代产业体系，补齐建强产业链。协同推动制造业高质量发展，共建高水平汽车产业研发生产制造基地，打造世界级装备制造基地，培育特色消费品产业集群，共建西部大健康产业基地。大力发展数字经济，共建具有国际竞争力的电子信息产业集群。培育发展现代服务业，积极推动服务业扩大开放综合试点，开展先进制造业和现代服务业融合发展试点。推动对外贸易提质增效，协同打造"一带一路"进出口商品集散中心，全面深化服务贸易创新发展试点，共建具有国际竞争力的服务外包产业高地。共建西部金融中心，开展共建"一带一路"金融服务，推进金融开放创新。加强知识产权金融领域协作。共建富有巴蜀特色的国际消费目的地。建设农业国际贸易高质量发展基地，联手打造全球泡（榨）菜外贸转型升级基地。

三、优化全市开放空间布局

全面提升主城都市区开放能级，提高渝东北三峡库区城镇群和渝东南武陵山区城镇群开放水平，促进"一区两群"协调发展。

（一）提升主城都市区开放能级

1.实施提升主城都市区极核引领行动

主城都市区是我市国家中心城市建设的主要承载地，是新型城镇化、新型工业化的主战场。强化中心城区开放核心带动作用，加快建设两江四岸核心区"城市会客厅"。支持中心城区在扩大开放中先行先试，集聚国际贸易、国际金融、国际交往等开放功能，提升国际化山水都市形象，吸引领事馆、国际组织、跨国企业等入驻，增强国家中心城市国际影响力和区域带动力。增强主城新区开放支撑能力，争取更多国家级开发开放平台布局落地，推动中心城区重要开放功能向主城新区延伸。实施产业能级提升行动，积极承接国内国际产业转移，着力构建开放的现代产业体系。

2.增强国家中心城市核心功能承载能力

以建成高质量发展高品质生活新范例为统领，建设国际化、绿色化、智能化、人文化现代城市，增强国家中心城市国际影响力和区域带动力。实施现代都市功能新场景示范工程，拓展提升城市功能名片，打造城市高端功能集中承载地、展示地。实施中心城区强核提能级行动，优化中心城区功能布局，充分发挥国家级开发开放平台的支撑作用，高标准建设两江新区、西部（重庆）科学城，支持中心城区各区集成集聚产业引领、科技创新、门户枢纽、综合服务等核心功能，瞄准创新链产业链价值链高端，加快集聚国际人才、全球资本等高端要素，打造联通全球、辐射内陆的高端要素集聚地。实施主城新区扩容提质行动，进一步强化主城新区各区城市综合承载能力，加快产业集聚、人口吸纳、城市功能提升，建设产城融合、职住平衡、生态宜居、交通便利的现代化郊区新城。支持涪陵、永川、合川、綦江—万盛打造中心城区向外辐射的战略支点，建设区域交通枢纽、商贸物流中心和公共服务中心，提升产业发展、科技创新和对外开放能级，打造辐射周边的活跃增长极。发挥荣昌、大足、铜梁、潼南联动成渝、联结城乡的纽带作用，增强人口和要素资源吸引力，加快形成双城经济圈中部崛起的重要支撑。

3.打造新型城镇化新型工业化主战场

加快城市更新，推动城市发展由外延扩张向内涵提升转变，滚动实施112个城市更新试点示范项目。加强城市地标性建筑整体塑造，系统开展"两江四岸"整体提升，建成100公里滨江公共空间，持续推进城市内涝治理，加快城市燃气管网更新改造，强化城市公共供水管网漏损治理和供水质量管理，全面提升城市经济品质、人文品质、生态品质、生活品质。强化主城新区产业配套功能，立足特色资源和产业基础，主动承接中心城区产业转移和功能疏解，推动制造业差异化、规模化、集群化发展，建设成渝地区先进制造业协同发展示范区，支持创建国家高新区和市级特色产业基地，围绕细分行业联动培育一批千亿级、五百亿级特色产业集群。支持园区优化整合、提档升级。

4.建设辐射力带动力强劲的动力源

梯次推动主城新区与中心城区功能互补和同城化发展，提速建设同城化通道，打造轨道上的都市区。畅通璧山、江津、长寿、南川联系中心城区通道，率先实现同城化。加快推动广安全面融入重庆都市圈，着力打造重庆都市圈北部副中心。推动中心城区教育、医疗等公共服务向主城新区延伸共享。加快川渝高竹新区、合（川）广（安）长（寿）协同发展示范区等毗邻地区合作平台建设，聚力推动成渝地区中部崛起、渝东北川东北一体化发展和川南渝西融合发展。依托高速铁路、城际铁路等交通廊道，全面提升与周边地区协同发展能级和水平。

（二）提高"两群"开放水平

1.提升渝东北三峡库区城镇群开放层级

完善开放平台功能，培育沿江城镇走廊，一体化规划、组团式发展、协同性建设，打好"三峡牌"，建好"城镇群"，打造长江经济带高质量发展的重要节点。强化三峡库区生态环境保护。打造"一江碧水、两岸青山"的山水画卷。推动"江城"特色城镇化发展，突出江城特色景观风貌，构建"一心、一廊、五片"带状网络化城镇格局。构建生态产业体系，加快建设长江三峡国际黄金旅游目的地，大力发展大健康产业，做优"三峡制造"绿色工业，做大特色农产品出口规模，加大涉农外向型主体培育，打造农产品国际贸易高质量发展基地和农产品出口示范基地建设。

2.推进渝东南武陵山区城镇群立足自身特色扩大开放

立足山地特点、生态资源和民族特色，整合资源要素、协同联动发展，打造武陵山区协调联动发展样板。推进文旅融合的"山地"特色城镇化发展，打造风情浓郁、气质独特的精致山水城。构建文旅融合引领的产业体系，统筹民族风情、历史人文、生态康养等特色资源开发，加快建设武陵山区民俗风情生态旅游示范区，丰富拓展生态康养新业态，推动"文旅+"赋能山地特色高效农业、绿色加工产业和商贸服务产业发展，提升特色效益农业对外开放力度，打造国家文化产业和旅游产业融合发展示范区，文旅融合发展新标杆、绿色创新发展新高地、人与自然和谐宜居新典范。

后 记

本书系中共重庆市委宣传部牵头策划"新思想领航新重庆"丛书之一，是重庆市社会科学规划项目特别委托重大项目《习近平中国特色社会主义思想在重庆的实践》的子项目《新时代内陆开放的重庆实践》（2023TBWT-ZD02-3）最终研究成果，也是在重庆市社会科学规划中特理论项目《内陆开放理论建构与重庆实践研究》（2022ZTZ007）和重庆社会科学院基础理论项目（重大）《中国特色对外开放理论及内陆地区实践研究》阶段性成果上形成的。

全书写作分工如下：马晓燕负责全书提纲、统稿、前言、后记、第一章、二章、四章、十章、十二章、十三章撰写；马云辉负责第三章、七章、九章、十四章撰写；程凯负责第五章、六章、八章、十一章撰写。

由于研究涉及面较广，难度较大，加之作者专业水平、研究能力、时间和资料所限，本书难免会有错漏之处，请方家指正！

特别感谢重庆市委宣传部、重庆市社科联对我们团队的信任和大力支持，感谢市内外有关方面、专家学者对我们研究工作的帮助，感谢重庆出版集团为本书的顺利出版付出的辛劳！

2024年1月于重庆